儲からない

行政書士から
脱却するための

コミュニティー
マーケティング

千葉直子 著　吉野智成 著　湯田一輝 著
小島健太郎 監修・著者

セルバ出版

はじめに

「士業は開業すれば仕事になる」そんな時代もかつてはありました。

しかし、そんなうらやましさ満載の時代はとうの昔に消え去り、今や士業も価格競争に巻き込まれたりして、士業もマーケティングを駆使して仕事を必死に獲得する時代です。

士業は先生と呼ばれ資格を取れば、崇め奉られるかのように先生という印籠を振りかざして仕事している士業もいまだにいますが、今はそんなやり方が通用するのなんて弁護士や会計士くらいです。

今や士業は「士業サービス」というサービス業の1つと言えます。先生だから営業しなくていいなんて考えている先生はまさかいないですよね？

しかも、日本は数多くの士業が存在し、その士業同士が「できる仕事」「できない仕事」をすみ分けし、利用する側の利便性もへったくれもないくらい、この士業は何をしてくれるの？というハテナマークが頻発するような状況をつくり出してしまっています。日本特有と言いますか、なんともサービスが利用しにくいという有様です。しかも士業界隈では、業際がどうだとか、利用するお客様からしたらどうでもいいわ！　なんて突っ込まれるような縄張り争いをしている有様です。

しかし、別の視点で見ると、士業同士が連携しあうなど、うまく事業を回している士業がいるのも事実です。私は独立してから士業の先生をライバルだと思ったことは一度もありません。これだけの専門家が周りにいてその先生と連携できれば私なんて百人力だなとしか思っていません。私は自分で専門家とつながれるようなコミュニティーを形成しています。

つまり、私みたいに士業とのコネクションを駆使して仕事をしている士業の先生に共通しているのは「仲間を持っている」ということなのです。

仲間を持つ、つまり「コミュニティー」を形成しているわけです。本来人間は「群がる」、「つるむ」ということをしたがる生き物です。かたや「群がる」、「つるむ」をしたいという気持ちが生まれているにもかかわらず「群がるのなんて、つるむなんて……」と斜に構える人もいます。

さらには、群れる人や群れを嫌い、それに対して批判的な意見を振りかざして批判者同士で同調コミュニティーまがいのことをしている人もいます。

しかし、どんなに批判されようが、結局は群れる代表格とも言える「コミュニティー」形成は、どんな時代になろうがなくなることはありません。

人はコミュニティーが大好きです。

言わずもがな、士業もです。そう思いませんか？　先生。先生もどこかのコミュニティーにゲストで参加したことないですか？　「こんなにも大勢の人が集まってる！」って思いませんでしたか？そう、人はコミュニティーが好きだということを物語っているのです。

最近では新型コロナウイルスの感染拡大による生活様式の変容、社会の変容により、人と人とがつながる形に変化が見られました。しかし、そんな未曾有の時代にあっても仕事や仲間を増やす仕組みとして「コミュニティー」は機能し続けています。私もコミュニティーに助けられ、今がある1人です。

時代の変化にも微動だにせず、君臨し続ける「コミュニティー」に関して、本書ではコミュニティーへのかかわり方を様々な視点からお話しします。

「コミュニティーでハブになる」

これが今もこれからもあなたを輝かせるきっかけになり、あなたに多くの仕事や人脈をもたらし続ける源泉になります。その源泉の正体をこれから見ていくことにしましょう。

2024年1月

千葉　直子
吉野　智成
湯田　一輝
小島　健太郎

儲からない行政書士から脱却するためのコミュニティーマーケティング　目次

はじめに

プロローグ　コミュニティーが、今、求められている⁉

第1章　コミュニティーマーケティングの全貌　担当：千葉　直子

1　コミュニティーマーケティングとは・18
2　新型コロナ前までのマーケティングとの違い・21
3　コミュニティーとは・24
4　なぜ、人はコミュニティーが好きなのか？・26
5　コミュニティーに入りたくても入れない人のマインド・29
6　マインドの大切さ・32
7　だけどコミュニティーってむずかしい？・34
8　コミュニティーとマーケティングの関係性・37

9　士業のコミュニティーマーケティング・40
10　コミュニティーで見える明るい未来・43

第2章　コミュニティーの入り方、属し方　担当：湯田　一輝

1　なぜコミュニティーを活用するのか（役割と利益）・48
2　既存コミュニティーに入る勇気・52
3　既存コミュニティーに参加するために・54
4　初めてのコミュニティー参加（コミュニティーの関わり方）・57
5　コミュニティーを最大限に活用するには・63
6　コミュニティーを継続する重要性・66
7　コミュニティーを継続するデメリット・67
8　コミュニティーにまずは入ってみよう！・69

第3章　コミュニティーも千差万別　担当：吉野　智成・湯田　一輝

1　いいコミュニティーとは・72

2　悪いコミュニティーとは・77
3　いいコミュニティーを見極める方法・81
4　実録！　悪いコミュニティーの例・82
5　おすすめできる実際のコミュニティー・85
6　コミュニティーにはいくつも入るべきか？・96

第4章　コミュニティーを自分でつくってみよう　担当：吉野　智成

1　自分コミュニティーのつくり方・100
2　コミュニティーをつくる目的・110
3　コミュニティーづくりに向く人、向かない人・115
4　コミュニティーのつくり方・121
5　コミュニティーをつくる際に気を付けるべきポイント・126
6　自分コミュニティーをつくることで得られること・131
7　実録！　自分コミュニティーの例・133

第5章　事例で学ぶ、コミュニティー活用術　担当：吉野　智成・湯田　一輝

1　SNSでつくる顧客のコミュニティー・140
2　SNSコミュニティーの問合せ～受任まで・142
3　有名コミュニティーをフル活用する方法・144
4　コミュニティーから仕事が舞い込む方法・155
5　コミュニティーの選択と入る方法・160
6　コミュニティーの紹介～受任まで・163
7　撤退のタイミング・168

第6章　コミュニティーを使い倒す！　―応用編―　担当：千葉　直子

1　コミュニティーの人脈を使いまくろう！・176
2　恥ずかしい気持ちはほどほどに・178
3　情報を仕入れたら、即行動！・181
4　行動の結果は共有で・184

5　困ったことはすぐに相談！　立ち止まるな！・187
6　コミュニティーで自分の存在価値を上げる方法・190
7　コミュニティーそのものの価値を高めよう・193
8　男女関係・いざこざ、ここには気を付けよう・195
9　コミュニティーを使い倒す・198
おわりに

プロローグ　コミュニティーが、今、求められている!?

（担当：小島健太郎）

プロローグ　コミュニティーが、今、求められている⁉

最近、コミュニティーマーケティングが目につくようになったと思いませんか？

名だたる企業や、お固めの銀行業界など、人の集まり、集団に属して何かをするような、コミュニティーを活用したマーケティング手法が盛んにみられるようになりました。

異業種が集まり、仕事を紹介しあうコミュニティー、勉強会の名の下に知識を高め合うコミュニティー、趣味や食べ物、健康を目的としたコミュニティー、さまざまな共通目的をもったコミュニティーの募集が見受けられます。

それは、一体なぜでしょうか。

未曾有の新型コロナの混乱は、まだ、記憶に新しいですよね。その間は、フェイス・トゥ・フェイスのコミュニケーションが制限され、対面での人と人との、つながりが分断されました。全人類、想定外のことが起こりましたが、ここにポイントがあるようです。

本書では、このコミュニティーマーケティングを活用し、士業がうまく売上をあげていくことに特化してお話をしていきます。士業に特化したコミュニティーマーケティングを知って、さらに、これらを活用して、ご自身の事務所経営に役立ててほしいです。

なぜ、士業のマーケティングに、コミュニティーマーケティングが有効であるかについては、士業は、もともと個々が独立をして仕事をすることが多く、職人かたぎな己の知識のみで戦っていく武士のような人物も多いです。

ですので、案外このコミュニティーマーケティングを活用している行政書士は少ないです。そして、コロナ禍により、「個々で仕事していく」という性質上、さらにその孤立化が加速されました。この頃、開業した士業にとっては、社会も機能していないし、所属する士業団体も機能を停止していたことでしょう。

そして、既存の士業もまた、人と人のコミュニケーションを利用した集客については、窮地に立たされ、社会機能が停止することによって、事務所の売上が激減した士業事務所もあったことと思います。

1つの光としてか、筋書きされたシナリオとしてか、ネット社会が急激に進化して、人と直接会わなくても、仮想な社会でコミュニケーションが取れるツールが誕生していきました。それでも、結果はどうだったでしょうか。かなりのネット社会が進んだのは事実ですが、このまま世の中は、仮想空間での発展を遂げると思いきや、今のところ、仮想空間での生活は、市民権を全般に得ることはなく、普及するまでには至っていません。

やはり、人間は、人と人とのつながり、意外とぬくもりが好きだし、ライブ感、生きている感をとるという、結果に軍配があがっています。

令和5年5月8日以降、新型コロナは、5類感染症に移行し、終息したわけではなく、共存していくという方向に向かう今、ビジネスでいうマーケティングにも少し動きが見られました。

1つの共通目的を持ったコミュニティー活動が、様々なところで活発化しています。せきを切ったかのように、また、人と人が集まり、触れ合いだしたのです。

士業でいえば、実力があってもマーケティング（集客）できなければ生き残ることは難しい。企業でいいますと、どんなによい商品をつくったところで、知ってもらって、買ってもらわなければ、売上はあがりません。士業も同じです。「売上がない」ということは、その事業は、生命線を失い、なくなる、ということです。まずは、知ってもらわなければなりません。

そこで、本書は、まずは気軽にコミュニティーに所属して、独立開業した士業としての活路を見出す策について、お話ししたいと思います。

どこかに属したい。

孤独を解消したい。

周りの情報が欲しい。

同じ目的を持った仲間が欲しい。

自分の仕事のためにマーケティングを学びたい。

仕事を紹介されたい。

紹介される先を見つけたい。

こんな願望がある人には、ぜひ、このまま読みすすめていただきたいです。きっと、その願いが叶う術が見つけられるはずです。

コミュニティーに興味のある人も、「いやいや、そもそも人と付き合いたくないから、独立開業したんだ」というコミュニティーにアレルギーがある方も、昨今の士業におけるコミュニティーマーケティングがわかる1冊となっています。

たとえ、1つの個が弱くても、いろいろな特性の個が集まれば、1つのとても強い集団となり得ることができます。その力をどのように利用して、自分の事務所経営に役立てていくか、というお話もしたいと思います。

行政書士業界では、いにしえからの言葉のように、『行政書士の資格をとっても、喰えない』という言い伝えが、定期的に見かけるようなことがあります。確かに、行政書士試験の点数が、行政書士となって売上を上げれることに直結するかといえば、それは「関係ない」と言わざるを得ません。結論は、その人の特性や、努力や、運によります。

ですが、コミュニティーマーケティングを取り入れることにより、士業事務所の売上を上げる可能性が見えてきます。1人で取り組むもよし、お気に入りの集団に属し、楽しみを持ちながら取り組むのもよし。人との出会いがあれば、別れもあるかもしれません。

1人で孤独に売上を上げ続けるのは、メンタル的にしんどいなと思うこともあるでしょう。そんなときは、人と人のつながりに、感謝しながら士業人生を歩くのも、悪くはありません。

これから、行政書士を目指す方や、すでに行政書士であまり成果がでていない方、成果はでているけど、これから更に成果をだしたい方、いろいろな方にお読みいただければ嬉しいです。

儲からない行政書士から脱却するために、ぜひ本書をお役立てください。

【コラム】コミュニティーマーケティングという言葉を初めて聞いた方へ

本書を手に取られた方は、少しでもこのコミュニティーマーケティングという言葉が気になってくださったのだと思います。

本書をお読みいただければ、コミュニティーを自身の行政書士事務所の売上アップにつながるマーケティング手法の1つとして取り入れることができると確信してもらえると自負いたします。

コミュニティーや異業種交流会といったたぐいのものは世の中にたくさんあふれかえっています。先生自身も独立後間もない頃に「○○っていう異業種交流会があるんだけど、来てみない？」といったお誘いを受けたことは一度や二度ではないはずです。中には、うさんくさそうなコミュニティーや、数合わせだけで呼ばれただけのコミュニティーなど先生の大事な時間を無駄に過ごしてしまいかねないコミュニティーや交流会もうじゃうじゃ存在します。

そんな時間の浪費を避けるためには、コミュニティーを自分でコントロールするための術が必要になります。

「コミュニティーって自分でコントロールできるの？」と思われた先生には一言！

「できます！」とお伝えします。

そんなコミュニティーマーケティングの旅を今から始めていきましょう。

本書はそんな先生自身のコミュニティーマーケティングの旅のバイブルです。

第1章　コミュニティーマーケティングの全貌

（担当　千葉　直子）

1　コミュニティーマーケティングとは

士業事務所のマーケティング

コミュニティーを活用した士業のマーケティング方法は、まだ、あまり知られていません。ごく一部わずかな士業が活用して、士業事務所の売上を伸ばし、経営を安定させています。そもそも、士業の事務所経営に関して、マーケティングまで考えている事務所は、そう多くはないのかもしれません。

きっと、本書を手にとったあなたは、そのごく一部に入るのかもしれません。

一般的にマーケティングとは、主に企業や組織が、製品や商品・サービスを、見込顧客に届け、そして、その顧客に販売し、顧客のニーズを満たすためにとる戦略、あるいは、仕組みのことをいいます。マーケティングの手法はいくつもあり、そのビジネスの種類や、どこに目標を決めるかによって、取り扱う手法・戦略が変わってきます。

では、士業事務所におけるマーケティングを見ていきましょう。今回は、行政書士事務所を例にあげていきます。その前に、行政書士とはどんな職業なのかを少しだけご説明をいたします。

行政書士とは、法律など専門知識を持って、行政機関との間で行う、いろいろな手続を代行し、法的な要件を遵守できるようにサポートをしています。許認可申請や、相続関係など、行政書士の仕事は多岐に渡ります。

そして、行政書士のマーケティングです。その行政書士や事務所、行政書士法人のサービスや、商品を、必要としているお客様に提供し、報酬をいただいています。また、仕事の性質上、許認可や相続案件は、単発（業務がその1回で終わること）が多く、また新しいお客様を獲得していくという作業が継続的に続いていきます。そして、顧問業務（継続案件）については、既存のお客様との信頼関係が重要になってきます。行き当たりばったりで営業していると、いつか体力的にも限界が見えてきます。そこで、戦略的にマーケティングを実行することが大切になってきます。

コミュニティーってなに

マーケティングがわかってきたところで、次は、マーケティングの上についている、コミュニティーを見ていきましょう。

簡単に言いますと、『人の集まり』です。

少し乱暴すぎますので、ご説明いたします。人々が、共通の興味や目標などを持った集まり、価値観などにも結ばれた人々のグループのことをいいます。

こちらも、わかりやすく行政書士で考えてみましょう。行政書士として活動する、専門家からなる集団・グループが考えられます。

私（行政書士）の例を出しますと、まずは、行政書士事務所の経営に特化した有料コミュニティー、そして、行政書士で所属している県の行政書士会、また、その県の行政書士会の支部の市民法務研究会などに所属しています。共通する点は、行政書士同士が専門知識や情報を共有し、専門家としての実務力や、事務所の発展など、同じ目標を持ち、同じ属性といった点です。

広く目を向けてみると、現在、一般的にもコミュニティーの特性を活かしたマーケティング手法が続々と誕生していますが、このコミュニティーマーケティングについて、行政書士事務所でも活用できるところが多々あります。

あなたが今、なんの業界経験もなく、行政書士試験に合格し、意気揚々と開業したとしましょう。

行政書士として業界の経験がなく……。

いや、一体、どうするつもりなのでしょうか……。

まずは、業界未経験の人は、専門知識（実務知識）から仕入れていくことになります。専門知識（実務知識）とは、士業にとっての商品です。

最近の人は、もしかして、実務知識をＹｏｕＴｕｂｅや、Ｇｏｏｇｌｅ検索でお調べになるのかもしれません。悪いことはいいませんので、それは、話半分くらいにしておきましょう。ちゃんと、専門家が書いた実務書を読んだり、手引きを熟読したり、そこに関する法令、通達、条例を調べ、自分の商品をつくりあげていきましょう。

コミュニティーを活用する

そして、ここで有効な手段として、コミュニティーを活用する方法です。所属する県会や、その道の専門家（実務家）が有料や無料でコミュニティーを形成している場合があります。実は、そこで学べる機会があります。要は、商品の仕入ができます。そして、そこでは商品の仕入のみならず、その商品の売り方や、事務所経営を安定させ方、行政書士として生きていく術を教えてくれるコミュニティーが存在します。

コミュニティーに参加しながら、実務も学べ、集客方法も知り、事務所経営も学べ、紹介で案件の獲得できる。そんなことが可能な方法があります。

2　新型コロナ前までのマーケティングとの違い

新型コロナ前までの士業のマーケティングはどう変わったか

ここで、新型コロナ前までの士業のマーケティングがどう変わったのかを見ていきたいと思います。

新型コロナウイルス（ＳＡＲＳ―ＣｏＶ―２）とは、ウイルスの一種で、２０１９年に発見されました。このウイルスは、ＣＯＶＩＤ―19（コロナウイルス病２０１９）として知られ、このウイルスにより世界は、未曾有の混乱に陥ったのも、記憶に新しいです。また、この新型コロナウイルスはやっかいなことに、非常に伝染性が高く、人から人への感染が特徴で、飛沫感染や接触感染によって広がることにより、人と人とのコミュニケーションが分断されました。

新型コロナウイルスの感染拡大を防ぐために、マスクを着用し、なるべく会話は避け、ソーシャルディスタンスを守り、不用意な集まりは皆、避けるようになりました。

私自身、行政書士を開業したのは、2021年8月で、まだまだ、人の集まりは控えなければならない時期でした。かろうじて、県の行政書士登録会は、ソーシャルディスタンスを取りながら開催されました。「登録会の後は、同期でお茶会♪」という、ルンルンなSNSの書き込みなどを見ていたので、少しだけワクワクしながら行ったのですが、もちろん、皆さんそそくさと帰りました。もちろん私も帰りました。同期もいないし、頼れる先輩もいない。そして、業界未経験。という行政書士人生のスタートでした。

経済は、人間によって回されています。お金は、人が持ってくると言ってもいいでしょう。人と人との分断、人の動きが止まれば、経済活動も止まります。お金だけではありません。情報や、ご縁は、人を介してやってきます。本やネットで仕入れた情報でも、使わなければただの知っている知識です。情報や知識は、使ってなんぼですよね。

人と人のコミュニケーションが再度注目される

2023年5月から新型コロナが5類感染症に移行し、さまざまな制限が見直されました。そこで、人々が集まるイベントなども少しずつ再開され、ビジネスの場面でも、すべてがオンライン会議だったものが、会社に出社するようになり、顔を合わせて会議をするようになり、士業においては、お客様との面談も、リアル面談のご要望が増えるようになり、人と人とのつながりが再度、活性化されました。

人と人とのコミュニケーションに、再度、注目がされ、コロナ禍の間に、ソーシャルメディアや、デジタルプラットフォームが整備されたことにより、インフルエンサーといわれる人たちが登場し、インフルエンサーをトップしたコミュニティーが続々と誕生しました。

そこで、私のような孤立した士業を救う１つが、コミュニティーだったわけです。オンラインとリアル会場とハイブリッドだったその行政書士の実務を勉強するコミュニティーでは、事細かな実務はもちろんのこと、業界の歩き方のお作法でしたり、集客の方法、また、あるときは失敗談などが共有されました。開業して何も知らない私にとっては、すべてがお宝情報となりました。

そして、行政書士の先輩達とも知り合え、またその講師は、業界で成功した行政書士の先生で、お話をしてくれるすべてが貴重な情報ばかりでした。有料の実務講座でしたが、講座後は懇親会などあり、そこではざっくばらんな話しかありませんので、最初に有益なコミュニティーに加入できて、幸運でした。少なくとも、そこは業界でいわれる『ひよこ狩り』ではありませんでした。

※ひよこ狩りとは、新人行政書士に詐欺のような粗悪品を売りつけることをいいます。現在の私の行政書士人生があるのも、そのコミュニティーのおかげだと思っています。

3　コミュニティーとは

遠い昔からコミュニティーを活用

コミュニティーを考える上で、まずはだいぶ遠いですが、私達の祖先から振り返ってみましょう。私達は、実は、遥か遠い昔からコミュニティーを活用して生きているのです。狩りに行けばチームワークを利用し、子育てにおいても小集団で協力体制を築いてお互いを補っていきました。

農村社会では、農業コミュニティーが形成され、たくさんの集落がつくられ、働き手と指導者が生きていくために集まり、食糧確保や生活の安全を守ってきました。その中で発展したものには、地域や文化や、伝統、儀式などの伝承も行われていました。

そして、18世紀から19世紀にかけての産業革命です。ここでも、人は集まります。もう、ほとんどの人間が孤独とは無縁な気がしてきますね。都市化が急速に進み、都市では労働者や移民が大規模な労働組合を形成し、社会運動が生まれました。これも、一種のコミュニティーです。

一番身近な例は家庭

このように、コミュニティーと私達の生活は、密接です。少し大きな話になってしまったので、私たちが生活する上で一番身近なコミュニティーを見ていきますと、それは、家族です。血縁関係や親戚など、なにか行事で集まることも昔は多かったように思います。地域のコミュニティーでは、近所の集まりや、団体、小学生の頃は子ども会で、夏休みはラジオ体操などもあった地域もあると思います。地域のお祭りなどもわかりやすい例ですね。

自分の趣味や、興味などを共有するコミュニティーもわかりやすいですね。あなたも知らないうちに、何かのコミュニティーに属しているかもしれません。

休日になれば、公園のドッグランでは、愛犬家のコミュニティーが、ワイワイ楽しそうにしています。羨ましい限りです。料理教室の集まりや、音楽や推し活動、スポーツ関係など、あげきれない数のコミュニティーが存在します。好きなものを、好きな人たちで共有できるコミュニティーって素敵ですよね。

オンラインコミュニティーも存在

また最近のコミュニティーといえば、オンラインコミュニティーです。コロナ禍、スマホ、気軽に参加できるとあり、若者にとどまらず市民権を得たように思います。昔は、リアルなお見合いが普通でしたが、ネットの結婚相談所も増え、今は、スマホのアプリ出会い、オンラインゲームコミュニティーなどで、結婚をする。そういう時代だそうです。趣味が一緒で結婚とは、よい時代ですね。

オンラインコミュニティーには、ソーシャルメディアプラットフォーム、チャットルーム、オンラインゲーム、メッセージボード、専用アプリケーション、ＳＮＳがあげられます。ＳＮＳのコミュニティーでは、匿名性の高いものあり、プライバシーを守れるものの、参加する者のマナーも大事になってきます。また、オンライン上のものなので、世界中の人々と簡単に何かを共有できるのも特徴です。

属する会社もコミュニティーの1つにあげられます。同じ職業や、同じ業界、職業別のコミュニティーも存在します。士業のコミュニティーもその1つです。公認会計士、税理士、弁護士、司法書士、社会保険労務士、行政書士など、士業別のコミュニティーは、もちろん、その専門分野の研究会や、経営特化のコミュニティーなどが存在します。

4　なぜ、人はコミュニティーが好きなのか？

ゼロワン行政書士のコミュニティーの例

さきほどの章でお話ししましたが、私達は祖先の時代からコミュニティーを活用して、生き延びてきました。このことを踏まえますと、もはや人間が、コミュニティーが好き。と言いますか、コミュニティーを活用して自分の利益としていくことは、遺伝子的に組み込まれているのかもしれません。

では、現在、私が所属している行政書士の経営に特化したゼロワン行政書士のコミュニティーのお話をしたいと思います。一言で言うと、行政書士の経営に特化したコミュニティーがここしかなかった……というのは半分冗談にしておいて、実務講座などはチラホラあったのですけど、まあ本当に、経営特化についてはここしかなかったんですよね（笑）。

入会したきっかけですが、私は専業主婦で子育て中の身でしたので、行政書士の業界も未経験ですし、子どもたちが幼稚園に上がって4時間の時間が空いたところで、コロナ禍も手伝ってパート先もあまりない、という状況でした。そこで、「よし！　行政書士開業だぁ！」と言っても、本当のところ、「どうしよう……」と不安に思っていました。

ゼロワン行政書士コミュニティーの代表である小島健太郎先生のｙｏｕｔｕｂｅはよく見ていて、とても勉強になるし、「リアルの士業関係からも信頼できる先生だな」と思っていたので、「違う実務講座のほうが終了したし、経営の勉強も始めよう！」ということで、入会したのがきっかけです。

このコミュニティーには、ゼロから行政書士として育ててもらったと思っています。そこに貯蔵されている動画コンテンツはほぼ見ましたし、繰り返し見たものもあります。実務現場の第一線の講師を招いての、経営や集客、実務に関する講義は、とても価値の高いものでした。

リアル会場では、先を行く先輩に相談できたり、すでに事務所が大きくなっている先生に相談できたり、1人では絶対に行き詰まったであろうな。ということが、その機会ごとに相談できて本当に助かりました。

もちろん、こういった前向きなコミュニティーではなく、悪口や愚痴をいうコミュニティーも存在するでしょう。きっと、それはストレス発散にもなりますし、その時間は人をバカにして笑って、面白い時間かもしれません。そういったコミュニティーを否定するつもりもありませんが、そういった人というのは、あなたがいないところで、きっとあなたの悪口を言って笑っている確率が高いのではないでしょうか。それって、楽しいことですかね？

私の場合は、そういったコミュニティーからはそそくさと遠ざかります。前向きにその人の人生を応援できる人たちと、ディズニーランドでも行く予定を立てる時間に充てたほうが賢明に思えます。

士業や経営者はもともと1人で行動する方が多いと思いますが、定期的に人とつながり会話することで、孤独感が軽減することもありますし、自分の中のさまざまな悩みなどを解消し、精神的に健康に仕事するのによい影響が考えられます。

また、コミュニティー内でいろんなサンプルを取るにあたり、他者との違いに気がつく場合があります。他者のよいところは、自分の事務所に落とし込み、真似をしてみて、また自分の優れている特性に気がつくこともありますので、ぜひそこは、伸ばしていきましょう。

また、コミュニティーのメンバー同士が、自分の持っている情報や知識、経験や体験談などを交換し合えるのもコミュニティーの特徴の1つです。お互いの成長を応援しあうことで、素敵な関係を築くこともできます。新しい友人関係に発展することもありますし、また信頼関係ができあがると、仕事の機会につながることもあります。

また、他者や社会の発展に貢献することで、自己の承認欲求は満たされ、自己充実感を得られることも、きっとあなたの士業人生の満足度を高めてくれます。
コミュニティーは、個人の生活を豊かにし、幸福感も与えてくれて、多くの利点があります。
コミュニティーは好きなのは、当然のお話かもしれません。

5　コミュニティーに入りたくても入れない人のマインド

自己評価が低い

前章では、コミュニティーのメリットや、なぜ人々はコミュニティーが好きなのか。ということに少し触れましたが、ここで1つ注意をしておきたいのが、全ての人がコミュニティーが好きだったり、入りたいわけではなく、人との触れ合いを苦手とする方だったり、1人のほうが気楽なため、孤独を好む人もいます。

本書は、全士業に向けて、「コミュニティーに入って、コミュニティーを活用して、売上を上げていきましょう！」という本ではなく、「孤独にやってきて、そろそろコミュニティーに入って、やっていこうかな」という人に向けて書いています。

「コミュニティーのことは気になるけれども、入るのには勇気がいるな」という人にも読んで欲しいです。

まずは、入りたくない人のマインドとして、過去にネガティブな感情になる経験をしてしまったり、トラウマになるようなことがあったりとすると、人は、再び同じような経験を避けようとしてコミュニティーに入りたがらないことがあります。人間関係のことなので、些細なお互いの勘違いなどよくあることかもしれません。自分を傷つけられた記憶や傷は、癒やすのに時間がかかったりします。なにか、よいきっかけや、新たに興味が沸くなど、信頼を取り戻すために時間がかかる場合があります。

また、コミュニティー内での自己評価の低さも関係してきます。目的が高いほど自分は、このコミュニティーには身分不相応だと思うこともあるでしょう。自分自身を過小評価して、他のメンバーが自分を受け入れてくれないと感じることがあります。ほとんどが、勘違いだと言えないこともないのですが、今の自分を認め、自分を受け入れ、コミュニティーでの活動を楽しめるようなマインド設定も大切です。自己評価が低いと、コミュニティーに参加する自信も持てず、入りたくても入りにくいですし、せっかく入ったとしても行かなくなってしまう恐れもあります。

私が最初に入ったコミュニティーは、行政書士実務の講座のコミュニティーでした。行政書士で開業する2か月前に入ったので、まだ行政書士として生まれる前のひよこでした。入ってみると、リアル会場には女性は私1人。他は行政書士で、何年もやってきている人や、数年目の人が多く、とても緊張しながら、毎回、通っていたのを覚えています。「毎回、緊張するなぁ。イヤだなぁ。今日は、行きたくないなぁ」と後ろ向きなことを考えていましたが、「いや、40万円払ったし！絶対、回収しよう！」という強い気持ちを自分で奮い立たせて、参加していました。

ネガティブな嫉妬の感情を持つ

このほかコミュニティーに入りたくても入れない人のマインドとして、ネガティブな嫉妬の感情もあげられます。そのコミュニティーがピラミッド型でトップがいる場合（インフルエンサーや成功者）は、その対象者への嫉妬が生まれやすいです。その結果、そのコミュニティーへの拒否反応が生まれる場合もあります。

他人が成功して、注目されチヤホヤされている姿を見ると、自分の現状と比較してしまい、許せなくなってしまう人がいます。特に、仕事やビジネスの競争が激しい環境では、このような感情が生まれやすいです。

また、昨今の社会問題として、嫉妬の感情がその者への攻撃に変わることがあります。ＳＮＳでの切り取られた日常の一部は、よその芝生は青い民からすると、キラキラに見えて仕方がないそうです。

ただ、嫉妬の感情が生まれるのは、ごく自然であり、誰もが経験することがあります。

しかし、嫉妬がいき過ぎる場合、自分や他人にまで悪影響を与えかねませんので、注意が必要です。他人を変えることはとても難しいといわれていますので、いき過ぎた嫉妬を見せ、攻撃する人とは速やかに距離をおいたほうが賢明です。

自分のメンタルの健康や、家族や大切な人たちを守りましょう。冷静な対応を心がけ、相手と同じ土俵にのることなく、淡々と然るべき処理をしていかれることをおすすめいたします。

6　マインドの大切さ

マインドとは

ここは、必ず読んで欲しいセクションなくらい大切なことを書きます。時間のない方はここだけ読んでもいいです、というくらい大事です。冗談です。

マインドというと、急によくわからない掴みどころがないものという認識があるかとは思いますが、なぜかおろそかにされがちなのです。ですが、なにを行うにも、実は、このマインドって大切なのです。まずは、マインドの定義からお話していきます。

マインドとは、本書では、個人の精神的な状態や心の持ちようをいいます。それは、感情のコントロールでしたり、思考そのものや、思考の流れやクセ、自分で認識する意識など、心理学的なことも含みます。人のマインドは、個人の遺伝子、生活環境や、これまでの経験、現在の状況に大きく影響を受け、形成されます。時として、マインドは、思考過程にも大きく影響し、問題を解決や、新しいアイデアの創作、行動に影響を及ぼします。

なぜマインドを大切にするかと言うと、ここが整っていないと、コミュニティーに参加もしづらいですし、また入会したとしても、コミュニティーの機能の利益をすべて享受することが難しくなります。

例えば、整っていないマインドの一例として、私の場合は「私なんて、まだ開業前だし、行政書士でもないし、おこがましくて入れないし、参加もできない」なんて考えていました。こんな風に考えることは、一般的な人のマインドだと思います。

でもあなたの目的って、何でしたでしょうか？　私の場合は、行政書士として開業して売上を上げて事務所を安定させることが目的でした。

ということなので、ここで自分のマインドを書き換える必要がありました。

「私はまだ開業前だし行政書士でもないけれども、この実務講座を習得して、行政書士としてお客様に知識商品を提供し、報酬を得て、喜んでもらうんだ」、「お客様の事業のスタートに立ち合わせてもらうんだ」。なんでしたら、「そのお客様の事業をサポートして、一緒に歩んでいくんだ。なので、私にはこの実務講座すべてを習得し、他の成功した行政書士が持っている知識すべてを、お客様に共有するんだ」というマインドに書き換えました。

そうすると、なぜか不思議と、講座の日が楽しみになりますし、懇親会でも、とても楽しくおしゃべりができました。ゴリゴリの中の、誕生する前のひよこであっても、全く他の人の目が気にならなくなるのですよね。マインドの大切さと考えると難しいかもしれませんが、要は気の持ちようのお話です。自分の目的に集中しましょう。

そして、ポジティブなマインドは、コミュニティーでの自分の立ち振舞にもいい影響を及ぼします。ポジティブなマインドから出た朗らかな雰囲気は、他の人との会話をスムーズにし、きっと笑顔で話し合え、「またこの人とお話してみたい」と、好意的に思われれば、何かの時に協力を得られやすく、お互いに助け合える関係になれます。

また、自信を持って自分の決めた目標について向かっていくことができるので、自発的に学習したり、またそのことについて知見を持った人を探し、教えをこいに行ったり、どんどん行動をすることができます。たとえ、その行動や挑戦が、失敗に終わっても、ポジティブマインドですので、その失敗から学び、それをも自分の成長の糧にすることができますので問題なしです。

7　だけどコミュニティーってむずかしい？

課題解決に直結する

コミュニティーのよさもお伝えし、マインドセットの重要さもお話しましたが、「いや、そう言いますけど、やっぱりコミュニティーって色々と難しいんでしょ」と考える人も多いと思います。

コミュニティーに入ることに難しさを感じる人たちがいるのは、先ほどもお話で触れました。

一般的に損と得を両天秤にかけて行動することは、品がいいことではないのかもしれませんが、現在あなたが抱えている課題が、「そのコミュニティーに入ることにより解決する」としたらどうでしょうか。

私の場合は、1つ目のコミュニティーが実務知識の獲得のため、2つ目のコミュニティーが経営知識の獲得のため、3つ目は、所属する県の行政書士会でした。

行政書士の業務は専門業務が多岐に渡りますので、まずはその専門業務についてのコミュニティーに入れることがあれば、自分の業務に直結していいのではないでしょうか。業務の研究会や研鑽会など、加入する価値は高くなります。また、その会に貢献することにより、社会に貢献していくことも可能だと思われます。有料・無料を問わず属してみるのもよいと思います。

コミュニケーションが得意でない人は無理に参加しなくていい

また、同じ年に開業した同期会というものも存在するようです。ベテランの行政書士にはあまり見られないのですが、ネットインフラの整備もあり、ここ最近開業した行政書士に多いようです。

私は、先程も触れましたが、コロナ禍で開業したので同期はいません。ですので、同期会にも所属していません。人にもよると思いますが、私の場合は、これでよかったと思っています。もちろん、「同期は何でも気軽に話せて心強いし、一緒に切磋琢磨して成長していきたい」という人たちを否定するつもりは全くございません。

ただ、私の経験上でいいますと、母として子どもを出産したときに、ママ友会に所属したことがありました。ただ、同じ時期に赤ちゃんを出産したというだけで、何の価値観も違う、共通点は「出産したばかりの0歳の赤子を持ったママ」というコミュニティーでした。

その時期のママは、とても精神的に不安定であることも多く、自分の子どもの成長の1つひとつに敏感です。我が子と他の人の子の成長速度を比べてしまい、とんでもない行動をとる人間がいることを知り、結構、しんどい思いをしました。

全くそれを行政書士の同期に当てはめるつもりもありませんが、これまでの経験も違う、遺伝子も違う、環境も違う、その人たちが一斉に「用意、ドン！」とスタートして、同じ速度で成長ということは難しく、他人の成功を心から喜んでいく人たちの集まりでないと、嫉妬心が生まれ、仕事以外のことに気を取られると思ったので、私は同期会には所属しませんでした。

嫉妬心や自分の事務所が落ちついたあたり（5年目くらい？）で、そういった会があってもいいですよね。

オンラインの行政書士コミュニティーはとても助けられた

ですので、コミュニケーションが得意でない人は、無理やり参加をせず、実務の勉強に時間を充てたり、お客様と向き合う時間や、種まきの時間に充てるのもいいかもしれません。

また、行政書士には、各都道府県に行政書士会があります。地域による行政書士のコミュニティーですので、そのエリアの業界情報が得られます。私の所属している千葉支部では、研修も兼ねた日帰りバスツアーや、忘年会や女性行政書士のランチ会など、親睦の機会が豊富です。

私の開業時の話に戻しますと、コロナ禍のほぼ社会が停止していた時期に開業したので、オンラインの行政書士コミュニティーのような存在には、とても助けられました。その頃は、Ｔｗｉｔｔ er（現在はX）行政書士の中で、情報収集や、関係性を構築し、また、外部に向けて発信し、集客もしていました。

まずは、自分が何者であるかを発信していきました。行政書士で開業する予定があって、その開業する様子を日記のようにつぶやいていきました。そうすると開業してから、その専門分野の先輩たちが声をかけてくれ、実務を勉強するきっかけを与えてくださいました。その勉強する様子をつぶやいていき、自分がペルソナとする層に、有益な情報として発信も始めました。そうすると、そこに気づいてくれた潜在顧客様が、お問い合わせをしてきてくれ、顧問契約や、許認可の受任につながりました。

8　コミュニティーとマーケティングの関係性

仲間に仕事をつないだり情報共有ができれば、自分の仕事が増える

コミュニティーとマーケティングの関係性について触れたいと思います。

マーケティング活動を目的として、コミュニティーに参加をし、構築していくことは、非常に効率がよい点があります。行政書士で言いますと、専門業務は多岐に渡りますので、コミュニティー内で、参加している個々が、別の専門業務ということが多々あります。ここで、自分の専門外の業務の依頼が来たときに、そこのコミュニティー内の信頼できる行政書士に仕事をつなぐことができ、

また、逆に紹介を受けることがあります。

また、そのコミュニティー内で情報交換会などあれば、自所が行ってみた成功したマーケティング事例や、成果につながらなかった失敗マーケティング事例を共有することができます。基本的に人は成功したことは話したいですが、真似されると売上が減るなどの恐れがあるので、基本的に、同業者には話したがらない内容だと思います。また、失敗した話も、自所の信頼を落としかねないため、公の場では話したがらない内容です。この、あまり世に出ない情報を仕入れることは、コミュニティーに参加する価値となります。

関係性がよくなったり知名度が上がったりすると、仕事につながる機会が増える

コミュニティー内でくり返し会ったり接することにより、相手の印象がよくなったり、親近感が沸き好感を持つこととあります。このように関係性が良好な場合は、その人自体がお客様となりうる場合もあります。補助金など、士業事務所でも活用できる商品を取り扱う場合は、即受任につながり、紹介案件にもつながるので、新人行政書士にとっては良い機会になります。

そして、コミュニティーを運営していると、コミュニティー内で影響力を持つメンバーやインフルエンサーとして活躍するようになる人たちが出てきます。同じコミュニティー内なので、何かあったときに比較的簡単に、協力をお願いすることができます。そして、人気のあるインフルエンサーはコミュニティー内でも信頼され、広告塔にもなってくれるので、プロモーションにおいて有力な

効果を発揮します。

よい実績や、よい評判が増えるにつれ、メンバー数も増えていきます。新たなメンバーがきてくれて、コミュニティーが成長することは、コミニュティーブランドの知名度や影響力を増大させていきます。

また、知名度や影響力が上がりますと、ビジネスや仕事に関する新たな機会が増えることが期待されます。有名な人や、影響力のある人は、より多くの仕事の提案や、プロジェクトへの参加の機会を受けることができるので、それは、コミュニティーにもいえることですね。

役目が変わって売上アップも

ゼロワン行政書士コミュニティーの私の場合で言いますと、普通の新人会員として入会して1年半で、運営のほうにも入らせていただきました。ここで、講義を受けるだけの参加者の立場から、講師として自分の経験談を資料にまとめ、講義をし、運営としてお世話係のような細々とした雑務をやるという立場になるので、マインドセットも、そのようにつくり変えました。情報を与えられるだけの環境から、こちらからも有益な情報を与えて、お世話役をするという役目に変わったのです。

この経験は、実務においても、とても役立つ経験となり、実際に業務では、今までとは違う角度からお客様に商品の提案ができるようになり、売上アップにつながりました。

また、他の同業者の事務所見学など全国に行くことがありますが、そこでも私をすでに知っているという方がいてくれて、とても楽しい会話がすることができました。人と人とのつながりも増え、仕事の話も舞い込みやすくなるでしょう。

ただ、一方で、注意すべき点もあります。

知名度や影響力が高まると、不特定多数から注目を浴びることになってしまい、プライバシーの侵害や批判でストレスなどのマイナスな現象も引き起こすこともあります。したがって、知名度や影響力を持つ際には、起こりうるリスクも適切に管理し、行動や発言に責任を持つことが求められます。

9　士業のコミュニティーマーケティング

情報収集に力を入れる

では、士業のコミュニティーを活用したマーケティングについてお話していきましょう。士業は、資格の名の下に、特定の分野で高度な専門知識を持ち、顧客に対して、プロフェッショナルサービスを提供します。

まずは、士業のコミュニティーで、情報収集です。マーケティングで最初にやることは、自分の市場を知って、そして、決めて行動していくことです。自分の業界の特性や、背景、歴史など、エリアによっても特性があるかもしれませんので、まずは、調査をしましょう。また、ビジネスの規模についてはどうでしょうか。ターゲットは、個人なのか、企業なのか、また大手企業をねらっていくのか、など。ターゲットとなる市場を特定することが重要です。

行政書士でいえば、どこのエリアで行い、専門分野は絞るのか、絞るとすると、どの分野にするのか、ビジネスとしての需要はあるのか、また規模はどのくらいか、自分の目標達成できる規模なのか、などの検討が必要になります。

顧客へのリーチ方法

また、顧客に対してのリーチ方法として、アナログ営業でいくのか、インターネット営業でいくのかも、情報を集めましょう。士業のコミュニティーマーケティング自体は、どちらのカテゴリーにも属します、リアルでも、オンライン上でもコミュニティーへ参加が可能です。

インターネット営業でしたら、ホームページ、リスティング広告などを活用していきましょう。私の場合は、ＳＮＳ（ソーシャル・ネットワーキング・サービス）を活用していきました。

その理由は、ただホームページに入れる記事を書く時間がなかったからです。そしてリスティング広告をしていく能力、資金源もなく、時間がない子育て主婦に残された道は、スマホで空き時間に親指でポチポチできるＳＮＳを発信して、ＨＰにつなげるという道しか残されていませんでした。

一般的なＳＮＳプラットフォームには、ＦＢ、Ｘ、Ｉｎｓｔａｇｒａｍ、ＬｉｎｋｅｄＩｎ、などがあります。それぞれ異なる特徴があるので、いち早くその特性と自分の強みをマッチングさせて、ペルソナに展開していきましょう。最初から、狙っている効果はでませんので、何回もテストしてみてください。

ＳＮＳを仕事に使うとき

そして士業が仕事としてＳＮＳを使う場合は、そのペルソナにとって有益な情報でアプローチをしていくことをおすすめいたします。もちろんラーメンが好きでラーメンの写真しかアップしない、ということでもいいとは思いますが、その場合は、仕事に繋げるという点では、ラーメン好きなお客様が対象ですし、もしくはラーメンのガイドブックを出すことになるかもしれません。

ここで注意したいのは、「自分の投稿に沿った人が集まる」という点です。そういう人しか集まらないと嘆く人は、そういう投稿しかしていないので、そういう結果になっていると思います。ＳＮＳの使い方が上手な士業さんもいらっしゃるので、そこはぜひ、真似をしてみてください。

ここでの注意点は、自分の専門分野によってちゃんと投稿内容を整えることです。あの人がこうやってバズっているからという理由だけで、アクセスや、いいね欲しさにその投稿を真似ることは控えましょう。あなたの潜在的なお客様は、あなたにそれを求めているのでしょうか？　自分の求めるお客様は、何をあなたに求めているのでしょうか？

ＳＮＳからプロフェッショナルなホームページに誘導し、受任までの流れを設計しておきましょう。

また、自分とお客様とのコミュニティーの場合は、イベントや、情報の共有を大切にしましょう。連帯感が生まれ、信頼感が増しますと、お仕事はもちろんあなた以外に頼むことはなくなります。ここで、大切なのは、なぜその顧客は、そのコミュニティーに参加してくれたかの理由を知り、そのコミュニティーに対して何を求めているのかを知って、提供をしていくことです。よりよいコミュニティーになり、満足度も高まれば、お客様も増え、結果として、お仕事も増えます。

士業では、まだコミュニティーマーケティングを取り入れているところは少ないと思いますので、競合で困っている士業の人は、ぜひ取り入れてみてください。

10　コミュニティーで見える明るい未来

目標達成を応援する存在

士業は、職人気質な人が多いため孤独な人が多いです。陽キャといわれる人物は、行政書士業界隈では、絶滅危惧種です。難易度が高い国家資格は、黙々と1人での勉強が必要なため、基本的に孤独に慣れている人が多いのでしょう。そして、晴れて資格をとって開業してしまえば、実務をしながら、自分の専門分野の勉強に明け暮れる日々が続きます。

これだけ聞くと士業の日常は暗いなぁ～と思われるかもしれません。……実際は、こんな士業の人が多いのではないでしょうか。もう一度触れますが、ＳＮＳにでる投稿は、日常のいいところを切りとった一部でしかありません。

孤独が好きな人は、そのままでいいと思います。『孤独こそ至高！』と、そのままご自身の創作物を完成させていただきたいです。静寂と孤立した環境は、なにかを成し遂げるのに最適だと思います。「少しだけ賑やかに士業人生を楽しんでみたい」という人には、どこか自分の目的や適正にあったコミュニティーに属してみることをおすすめいたします。

コミュニティーに所属すると、ある一定の時期から、メンバー同士はお互いに連帯感を持ち、共感し合うことがあります。結束力のようなものが芽生え、目標を達成することを応援する存在になってくれるかもしれません。そして、自分も、誰か『推しメン』（推しているメンバー）ができるかもしれません。

推しメンの活動の効果

『推しメン』の活動の効果にも少し触れておきますと、ファンのようなものですが、推しメンを応援することにより、幸せな気持ちになり人生が楽しくなります。

また、推しメンの頑張る一生懸命な姿は、きっとあなたの心を打つでしょう。自分も、やる気がでないわけがないですね。また推しメンを見ることで、癒やしに感じることもあるでしょう。私にも、推しメンがいます。その人を応援していますし、「その人のためにがんばろう」と思えます。

そして、願わくは、私のがんばっている姿をみて、誰か私の推しメンになってほしい（笑）。（応援してほしい）と思うことがあります。ここでの注意点は、距離感です。あくまでも推しメンです。爽やかな幸福感が得られる程度の熱量にしておきましょう。

少し話がそれましたが、コミュニティーに参加をし、主催をすることで、人と人とのコミュニケーションが増え、孤独感が軽減するので、毎日の業務にもハリがでて、やる気アップにつながります。

孤独とコミュニティーである集団とのバランスが大切です。このバランスも個人差があると思うのですが、やはり士業は、知識が商品ですので、自分の専門分野の実務知識や、経営戦略を練る孤独な時間は必要です。私は、現在2児の母として育児と家事と仕事をしていますので、孤独な時間はほぼありません。どうやって孤独と静寂の時間を手に入れるか試行錯誤しています。静寂と集中力さえあれば、相対的に時空を捻じ曲げることが可能だと思っています。コミュニティーで得た集合知に、大量の実務知識を流し込んで、他人の10年分を5年でつくり上げるみたいなことです。現在のＡＩも駆使すれば、もっと短縮するのかもしれませんね。物理的に時空を捻じ曲げるのはムリだと思います。超能力者でもありませんから。

また、悩みや課題を相談できるコミュニティーであれば、メンバー同士で情報交換やアドバイスをもらうことができるので、悩みや課題に行き詰まって、業務に手がつかず集中ができない状況を回避することができます。事務所の経営や成長に悪影響を及ぼしかねないのが、行き詰まってしまい、なにも身動きがとれなくなることです。私自身も、行き詰まらずに比較的スムーズに行政書士事務所を運営できているのは、定期的に相談できる環境があったからこそで、そして、そのアドバイスが的確であったことが理由です。

そして、特に、専門職のコミュニティーでは、専門的な知識や情報は価値のあるものとなりますので、知識や経験を共有し、それを得ることは自己の成長や、お客様への貢献に直結していきます。自分が業界の新人である場合は、1年上の先輩や、10年の実務経験のある先輩、20年、30年と、業界にいる先生方から話を聞いて、行政書士の歴史の変遷を知ることができます。

「賢者は歴史に学ぶ」という言葉があるくらいですので、とても興味深いお話が聞けます。同業者を一括りに、「意味がない」は随分と乱暴な気がします。ちなみに、個人的には、「会っても意味がない人なんていない」と思っています。どんな方からも学びはありますし、反省することもあります。もちろん、時間は有限ですので、物ごとに優先順位は必要かと思います。

そして、ポジティブなエネルギーに溢れたコミュニティーでは、メンバー同士のうまくいった事例や成功を喜びあうので、笑顔あふれる会話になるときがあります。他者のことを自分のことのように喜びあえるコミュニティーは、活気に溢れています。

また、居心地のよい場所の存在は、自己肯定感もあがり、安心も得られます。ひとたび仕事と向き合えば、真剣勝負の連続ですので、コミュニティーの活用法はこういったところにもあります。

いかがでしょうか。もはや、いいコミュニティーに所属することは、明るい未来しか見えないという気がしきませんか。きっとあなたも、いいコミュニティーに所属できれば、明るい未来しか見えてこないのではないでしょうか。

第2章　コミュニティーの入り方、属し方

（担当　湯田　一輝）

1　なぜコミュニティーを活用するのか（役割と利益）

士業のコミュニティーの役割と利益は3つ

士業がコミュニティーに参加するにあたり、まずは自身がコミュニティーに参加し、何を得たいのかを明確にする必要があります。目的が明確化されれば、その目的を達成するための活動に理由づけがされ、心理的ハードルを越えて、行動することができます。

専門業務の知見を高めたいのか、売上を上げたいのか、業務をワンストップで行うために専門チームを構築したいのか、士業のコミュニティーの役割と利益は主に次の3つに別けられます。

①売上を上げる（紹介案件の発生）

開業初期の先生、ベテランの先生関係なく、事務所の安定継続的な運営を行っていくためには、当然ながら一定の売上を確保しなければなりません。キャッシュがあれば、事務所が廃業することはないので、これが一番大切と言っても過言ではありません。

特に開業初期は、次に挙げる2つの役割と利益や社会貢献、マネジメント、業務効率、経営理念などは後回しにし、とにかくストレートに売上を追いかけるべきだと考えます。

心理学者マズローの欲求五段階説を聞いたことがある方は多いかと思います。人間の欲求は「生理的欲求」「安全の欲求」「社会的欲求」「承認欲求」「自己実現の欲求」の5つの階層に分かれ、これらの階層はピラミッド状になっており、低い階層の欲求が満たされることによって高次の欲求が現れるという考えであり、次表は、マズローの欲求の主要な要素です。

生理的欲求：最も基本的な欲求であり、食事、水、睡眠、空気、温度調節などの生存に必要な欲求を指します。人間が生きていくための本能的な欲求を示した階層です。

安全欲求：個人の身体の安全、経済の安定、健康、仕事や住居の安定などが含まれます。安全な環境と安心感は、生理的欲求が満たされる後に重要とされます。

社会的・所属欲求：人は社会的な関係を求めます。友情、家族、愛情、所属感、友達、会社との関係などが含まれます。所属と愛情の欲求ともいわれます。

尊重欲求（承認欲求）：個人は自己尊重と他者からの評価を求めます。自己評価や成功、承認、尊敬、社会的な地位などがこの欲求に関連しています。

自己実現欲求：ここまでの第一階層から第四階層までの全ての欲求が満たされた場合に至るのが自己実現欲求です。自分の世界観・人生観に基づいて、「あるべき自分」なりたいと願う欲求です。自己実現を追求する人は、創造性、問題解決能力、個人の成長などに焦点を当て、より高い精神性で満足を追求します。

士業の先生は、自己実現を図りたいという思いを持って開業された方が多いかと思います。マズローの欲求五段階説の通り、自己実現の欲求を満たすには、生理的欲求・安全欲求（すなわち売上）を満たすことが先決となります。そして、士業コミュニティーは、売上の向上（紹介案件の発生）に資する活動です。そのため、コミュニティーに所属する第一の目的は、売上の向上であることを明確に意識して、活動することが重要です。

ただしここで注意していただきたいのは、売上を上げるために、コミュニティーのメンバーに頼まれてもいないのに、自分の商品やサービスを売り込むことです。コミュニティーで紹介案件を継続的にもらうためには、まずは自分から貢献する必要があります。その上で、自分がギバーになる一方であるのであれば、撤退することも必要であるということです。この内容については、第2章5節で詳しく説明します。

②知識と情報の共有

士業の同業者コミュニティー内では、知識や情報が共有されます。法改正、制度変更、業界の動向、最新事例、マーケティング手法、マネジメントなど、士業の専門性を維持・向上させ、事務所運営を発展させるために重要な役割を果たします。

そして、人から直接入ってくる情報は、クローズドで貴重な情報が多く、常にコミュニティー等を上手く活用している士業の先生は情報強者の方が多い印象を受けます。当然に顧客も情報強者で専門性の高い先生を選びたいわけですから、士業がコミュニティーに属することは、顧客満足度を向上させ、継続的な取引を実施させる上で有益であります。

③専門チーム・提携先の構築

弁護士、公認会計士、弁理士、税理士、司法書士、行政書士、社会保険労務士など多くの士業が存在し、それぞれ業務範囲（業際）が規定されています。そして、何が行政書士の仕事で何が社会保険労務士の仕事なのか、業際の問題など依頼する側の一般の人にはわからないことがほとんどです。そのため顧客が求めるニーズに対して、ワンストップで対応できる専門チームや提携先の構築は、非常に重要な役割を持ちます。

例えば、相続業務であれば、相続人調査、遺産分割協議書の作成、遺産分割協議の調停、自動車の名義変更、不動産の相続登記、相続税の申告など業務は多岐に渡りますが、これらすべてを１つの資格のみで完結することはできません。顧客目線で考えれば、業務ごとに士業を探すより、まとめて１つの信頼できる事務所に依頼できた方が、労力が省け、安心して依頼できる形になるので、ワンストップでのサポートができれば、競争優位性が高まります。

また顧問先などから、自身の専門外の業務依頼があったときに、単に専門外ですとお断りするより、専門の先生を紹介することで、顧問として提供する内容に付加価値をつけることができます。

以上のように士業コミュニティーを活用し、専門チームや提携先を構築しておくことは、競争優位性の源泉となり、士業事務所の安定継続的な運営の基盤となり得ます。

2　既存コミュニティーに入る勇気

分不相応であることを承知で参加しよう

まず、前節で述べたコミュニティーの利益を享受するためには、既存のコミュニティーに参加しなければなりません。既存コミュニティーに参加することは、新しいメンバーにとって、実に勇気がいる行為です。いつもの家族、友人、同僚、同業者から離れて、知らない人たちとビジネスの話をしなければなりません。新しい環境や新しい人々との接触は、多くの人にとって、不安や緊張を覚え、ストレスとなります。

勇気を出して、コミュニティーに参加しても、それがひどく居心地の悪いものであったり、実に役に立たない議論をするような会であったり、前節で挙げたコミュニティーの利益を享受できる保証はありません。またコミュニティー自体は自分にとって、とても魅力的で有意義なものであっても、遥かにレベルの高い人々が集まるコミュニティーであれば、孤立し、継続することが難しいと考えてしまうケースもあります。

本書の読者の多くは、これから士業として開業する方または開業初期の先生、新たに士業コミュニティーを活用したい先生が多いかと思います。つまり、自らコミュニティーを立ち上げて運用するという選択でなければ、すでにでき上がっている既存コミュニティーに参加することになります。

私自身も未経験で独立開業した当初はとにかく様々なコミュニティーに参加しました。支部活動、同業者飲み会、他士業との交流会、経営者コミュニティー、ＢＮＩ、ＪＣ、勉強会、セミナー等々。

既存コミュニティーというものは、なぜこうも参加しにくいものなのでしょうか。既存のメンバーは、同メンバーでしか通じない話題で盛り上がり、業務の話しであれば、未経験新人でついていけず、歯がゆい思いをしたことを覚えています。

また士業から離れた経営者が集まるようなコミュニティーでは、経営論やマネジメントの話題が中心となり、１人事務所の私にとっては、理解が及ばず、相槌だけでなんとか乗り切るという、まあなんとも滑稽な状況でありました。それでも士業として独立開業した以上、事務所の利益を享受する結果を残さなければならないと、コミュニティーでの立ち位置、発言、返答などの行動を試行錯誤しながら、活動しました。

多くの人は、価値観の合う、自分にとって居心地のいいコミュニティーを選択します。特に開業初期は、開業して年数が浅い先生や専門知識が同じレベルの先生が集まるような居心地のいいコミュニティーを求める傾向にあります。もちろんそのようなコミュニティーに属することも大切ですが、それは友人や家族のコミュニティーに譲ってください。

士業がコミュニティーに属し、紹介案件の発生や専門性の向上を図るには、やはり、自分より秀でているメンバーが集まるコミュニティーを選択することが求められます。

それは、居心地の悪い環境下に身を置くことであり、相当の活量が必要になることでもあります。誰しも最初からコミュニティーを上手く活用し、ビジネス上の利益を享受できたわけではありません。端から分不相応であることをわかった上で、勇気をもってコミュニティーに参加し、どうすれば奏功するのか、考え、学び、行動し続けた結果が現在の立ち位置になっているだけです。ぜひ勇気をもって、既存コミュニティーに飛び込んでください。

3　既存コミュニティーに参加するために

コミュニティーに参加するときの心構え

どんなことコミュニティーも、居心地がよく、快適な場所であり、つまずいたり倒れたりしても、他のメンバーが、立ち上がるのを手助けしてくれたり、他者をからかったり、嘲笑ったり、避難したりする者などはいないといった、理想のコミュニティーであれば、躊躇なく飛び込むことができますが、現実のビジネスコミュニティーは当然そうではありません。

時に正反対のコミュニティーも存在するかもしれません。この節では、そんなコミュニティーに参加する勇気を持ち、他者よりも行動力を持つためのいくつかの具体的なポイントを解説していきたいと思います。

①【目標を設定】

コミュニティーに入る目標を明確にしましょう。売上を上げたいのか（紹介案件の発生）、知識と情報の共有を図り専門性を上げたいのか、専門チーム・提携先の構築し競争優位性を高めたいのか。具体的な目標を設定することは、それらの目標を意識的に追求し、行動の手助けとなります。

昨今では、即行動すべきなどの風潮があり、気になったコミュニティーに片っ端から入ってみる手もありますが、やはり、明確な目標がなければ、漠然とした行動となり、結果コミュニティーを継続することができなくなります。

②【リスクを覚悟する】

特に開業初期は、コミュニティーに入り、継続をしても、なかなかコミュニティー活用の利益を享受できない場合が多くあります。また新たな環境で、他者とコミュニケーションを図っていくことは、一定のストレスも加わります。これらの経験や失敗を繰り返し、成長の機会に繋げるべきではありますが、現実なかなかそうはいきません。

我々は、会社員のように会社の指揮管理下にあり、一定の強制力があるわけでもないため、実際は次回の参加を躊躇してしまうのが大半なのではないかと思います。だからこそリスクを承知の上で、コミュニティーに参加し、失敗し、また参加することを繰り返すことは、他者にない機会を持っていることであり、ひいては、コミュニティーの利益を享受する確率を上げることでもあります。

大抵の人は逃げるが、私は参加し続ける。

この行動の価値を認識し、自分を鼓舞しながら、コミュニティー活動に臨んでいただければと思います。

③【情報収集と準備】

コミュニティーに参加する前に、そのコミュニティーについて調査し、必要な情報を収集しましょう。コミュニティーの目的、価値観、活動内容を理解することで、より自信を持って参加できます。

また可能な限り、実際にそのコミュニティーに参加している方にリアルの声を確認することが望ましいです。

④【オープンマインドを持つ】

コミュニティーに新しく参加する方で、時折クローズマインドな方を見かけます。自分の考え方に合わない考えや概念を拒否する非寛容的であれば、コミュニティーで他者と円滑なコミュニケーションを図ることはできません。ぜひ異なる意見や考え方にオープンとなってください。これは、コミュニティーに関わらず、セミナーや勉強会などでも同様です。

実際周りには、せっかく費用を支払って、セミナーに参加しているのにも関わらず、その先生の考え方ややり方は自分には合わないと拒む先生は少なくありません。クローズマインドは損をするので、意図的に感情をコントロールし、オープンマインドの精神で参加することが必要です。

4　初めてのコミュニティー参加（コミュニティーの関わり方）

自分のポジションを確立する

勇気を持ってコミュニティーに参加した。ここからが重要です。コミュニティー活動を継続していくためには、少なからず自分にとって、その場所が居心地のよいものであり、ビジネス目標に対し有益のものでなければなりません。そのためには自己が他者から認められ、相手の利益となる必要があります。

この節では、コミュニティー活動を継続するために、コミュニティー内において自分のポジションを確立し、貢献する方法をお話しします。

開業初期、様々なコミュニティーに参加しました。ただ開業初期というものは、何ら専門の業務知識もなければ、みんなが気になるような最新の案件事例もありません。ましてや経営、マネジメントなどの知識や成功例も持ち合わせていないため、他者に価値提供をすることができません。コミュニティー内で他者に貢献できないと、自分のポジションがなくなり、気まずくなり、居心地の悪いコミュニティーとなっていきます。

業務の知識・経験も豊富で、マーケティングやマネジメントに長けていて、みんながその先生の話しを聞きたいというポジションであれば、きっと苦労せずに、コミュニティーに貢献し、継続ができるのですが、誰しも最初はそうではありません。

ではどうすれば、開業初期などで、他者に貢献できる材料が少ない人が、コミュニティーに貢献し、自分のポジションを確立できるのか。

私自身の体験やコミュニティーを上手く活用できている先生を例に、いくつかの方法をお伝えします。なんだそんなことかと思う項目ばかりですが、実際に行動するとなると案外難しいものです。

開業初期などの経験のない凡人が貢献するには、誰にでもできるが、やりたくない、面倒くさいことをやるしかありません。

①誰もがやりたがらないことで貢献する

会場の予約、出席者の調整、備品の用意、案内、懇親会場の予約、幹事、懇親会での雑用など、多くの人が面倒だと思うような行為で貢献します。

当該行為は、誰にでもできることです。ただ誰もがやりたがらないことは、自分もやりたくないことであることが大半です。このような行為を積極的にやるべきであると推奨しているのではなく、他にコミュニティーに貢献できる選択肢がなければ、雑用を積極的に行うことでメンバーに価値を提供します。

またコミュニティーで雑用を積極的に手伝うことは、他のメンバーと作業を共有することであり、接する機会が増えれば、関係性の構築の一助になり、その分新しいスキルや知識を学ぶ機会が増えます。そういった貢献は、周りも評価し、コミュニティー活動がポジティブなものになります。

結局のところ、何も貢献できず、コミュニティー内での自身の存在意義を感じられないということが、一番心理的にしんどかったりするので、特に開業初期でなかなか実務や経営面で貢献ができないという方は、一度試していただければと思います。

②超積極的に参加する「即断即決」

一般的にコミュニティーの主催者は、多くの人に参加してもらうことを喜びます。もちろんＢＮＩのような参加がほぼ必須のコミュニティーもありますが、多くのコミュニティーは自分の意志で参加するか否かを判断し、都合のいいときや興味のある時のみに参加できます。そのようなコミュニティーであっても、特段の事情がない限り、すべての回に参加します。

毎回積極的にコミュニティーに参加してくれれば、主催者も喜び、○○に声を掛けたら即答でＯＫしてくれると認知され、多くの機会に呼んでもらえるようになります。

私は、人から誘われたときは、内容は聞かずに即断即決でＯＫするようにしています。お誘いに対して、即断即決でＯＫすることで、その思いを行動で伝えることができるからです。ただ１つ補足をさせていただくと、誰からの誘いに対しても即断即決ＯＫではないということです。

もちろん誰からの誘いに対しても同じ行動ができればいいのですが、それでは疲弊しています。

このコミュニティーやこの人と少しでも時間を共有したいと思っていたり、興味のあるコミュニティーであったりすれば、内容は考えず、即断即決で返答し、参加してください。それだけで、コミュニティー内で貢献することが可能になります。

③元気で愉快な人間を装う

これは特に若手の先生に有効な方法です。陽気な人は、そのポジティブなエネルギーを全体、周囲の人へポジティブな影響を起こすことができます。ここで「装う」と記載したのは、誰しもが先天的に陽気な人間ではないためです。

ここで言う「コミュニティー」は、家族や友人のように、ありのままの自分を受け入れてもらうところではありません。自身のビジネス目標のために活用するコミュニティーでありますので、意図的にポジションをつくり、貢献し、コミュニティーがもたらす利益を享受する必要があります。

そのために打算的に立ち回り、コミュニティーのために場を盛り上げ、ポジティブな雰囲気をつくり出します。若手で陽気な人間というのは、どこのコミュニティーでも、年配の人から可愛がられ、面倒を見てもらいやすくなる傾向があります。

自分は陽気な人間ではないと、はなから否定し、できないと決めつけるのではなく、打算し意図的に陽気な人間を装うことにトライしてみてください。

④聞き上手・誉め上手・気遣い上手

どの人間関係においても、聞き上手・誉め上手は好かれるものです。人によっては、陽気な人間を装うより、ハードルが低く、対応できるかもしれません。

士業で歴が長い先生ほど、自身の経験や実務などの話を豊富に持っています。そして人間は話したい生き物です。実際に人に会う前に質問事項をいくつか用意し、その人の話を引き出してください。実際のトークの場面で、いざ質問しようとしてもなかなか出てこないものです。聞き上手になるには、事前に質問事項を用意しておくことがポイントです

その他にも、メンバーの誕生日を覚えて、ささやかなプレゼントを用意したり、好きなお酒や食品のお土産を用意したり、そのような心配りができる方は、コミュニティー内でも際立ち、結果、ビジネスに繋がる機会を多く持っています。

⑤服装や見た目に最大限気を遣う

人は見た目が９割といった言葉を聞いたことがある方は多いかと思いますが、まさにその通りであり、コミュニティーに参加し、初対面で相手に好印象を持ってもらうために身なり等の見た目を整えるということは非常に重要です。我々士業は、自分自身が商品でもあります。

しわだらけのスーツを着用し髪はぼさぼさな人と、数十万のオーダースーツを着用し髪型を整え清潔感のある人、自分の大切な顧客などを紹介する場合、どちらの人に紹介したいでしょうか。

また服装や見た目だけで、誰しもできる風な男性や女性を醸し出すことができ、この人に紹介をしたら安心と信頼感を抱かせることも可能です。

実際に私は、開業1年目、身なりにお金をかける余裕もないので、どこにでも売っているごくごく一般的な数万円のスーツを着用していました。これについて特に何とも思っていなかったのですが、尊敬する先生から身なりに最大限気を遣うことを教えていただきました。単に気を遣うではなく、最大限気を遣うということが重要です。

すぐに私は、銀座のスーツ屋に訪問し、店員さんにトータルコーディネートを依頼し、総額30万円ほどのパンツ、シャツ、ジャケットを購入しました。少々値段は張りましたが、そのおかげで、初めて参加するコミュニティーでは、今まで自分から声をかける機会が圧倒的だったのが、相手から声をかけてもらえる機会が増え、合わせてご紹介いただく案件数も増えました。それだけでなく、新規の面談においては、当該行動の前後で受任率が上昇し、売上も大きく伸びてゆきました。

言い換えれば、開業1年目の何もノウハウや強みを持っていない人間でも、服装や見た目に最大限気を遣うだけで、安心感、好感、有能感を相手に抱いてもらうことでき、結果、紹介案件や受任率などの増加に繋げることが可能になります。

身なりを整えることも事業投資と捉え、積極的に髪型、スキンケア、スーツ、靴、体型維持等に費用を捻出していただければと思います。士業は人が商品です。開業初期で他の先生より知識や実務レベルで劣っているのであれば、せめて身なりを整え、競争できるポジションを確保しましょう。

5　コミュニティーを最大限に活用するには

コミュニティーの重要な要素を知る

コミュニティーに参加することは、労働集約型のビジネスである士業にとって、限られた時間を使う大きな投資先です。

コミュニティーを最大限に活用するためには、①コミュニティーの有効性を計測するキーを持っておくこと、②自分から他者に貢献することの２つを意識的にもっておくことが必要です。

どんな製品やサービスでも重要な要素が存在します。家電であれば、性能、耐久度、価格、使いやすさなど、飲食店であれば、味、スピード、価格、接客、立地などです。

コミュニティーも同様にそうした重要な要素が存在します。一般的にコミュニティーに見られる重要な要素は次の通りです。

重要な要素①【メンバー】

どんな人がそのコミュニティーに参加しているのか。自分の成長は期待できるのか。

自分と同じレベルの同業者が集まる居心地の良いコミュニティーばかりに参加するのは避け、コミュニティーで成し遂げたい要素を持っているメンバーが集まっているのかをきちんと確認しましょう。

重要な要素②【成長性】

コミュニティーに参加している人数は何人いるのか。そのコミュニティーの成長性はどうなのか。成長のないコミュニティーはいずれ衰退し、メンバーも固定され、ただの友達コミュニティー化されます。

重要な要素③【出席率】

活性化しているコミュニティーは各メンバーの出席率が高く、常に成長意欲を持ち前向きな行動をします。そのような人が集まるコミュニティーは熱量が高く、行動力もあるため、コミュニティー自体が成長し、結果各メンバーがコミュニティーを有効的に活用しています。

重要な要素④【メンバー同士のエンゲージメント】

そのコミュニティーのメンバーは互いに交流し、一緒に顧客やメンバーのために積極的に活動しているのか。そのコミュニティーでの活動が惰性になっていたり、また一部の古株のみに利益が集中したりするような場は、避けることが望ましいです。メンバー同士がポジティブで充実している環境を選択しましょう。

重要な要素⑤【結果】

コミュニティー内で具体的にどの程度の紹介案件が発生しているのか。高いレベルの事案や知識の共有が図られているのか。初めてそのコミュニティーに参加した際は、よく周りを観察しますが、慣れるとだんだん適当になってしまいます。定期的に結果を確認することが重要です。

コミュニティーを最大限活用するために、一般的な重要な要素を確認し、活動するコミュニティーを理解することが必要です。

他者に貢献する

続いて、コミュニティーを最大限活用するために必要な項目として、自分から他者に貢献することが求められます。コミュニティーで成果を上げるためには、テイカーではなくギバーであることが重要です。

士業のコミュニティーに関わらず、ビジネスのコミュニティーではよくありますが、とにかく自己の商品を売りたい気持ちが強く、一方的にテイカーとなっているケースを見かけます。自分の貴重な時間を使い、コミュニティーに参加しているわけですから、ビジネスに直結させたいと思うのは、当然と言えば当然の心理です。

ただ、やはりどのコミュニティーにおいても、テイカー色が強い人間というのは、敬遠されてしまいます。

また士業が参加するコミュニティーはほとんどの方が経営者であるというケースが多く、経営者は相手の人間性や行動をきちんと観察しています。他者の利益のために、自ら貢献する、そのような姿勢や行動は相手にも伝わり、結果、紹介や提携が実現することとなります。

コミュニティーを最大限活用するために、まずは自分が所属するコミュニティーでどんな貢献ができるか。そこを考えて活動をしていただければと思います。

6　コミュニティーを継続することの重要性

何事も継続しやり抜くこと

人は接触回数が増えるほど好印象を持つようになり、信頼関係を構築していきます。人と人が接触するコミュニティーであり、自分自身が商品である士業だからこそ、この接触回数はとても重要な意味を持ちます。やはり、紹介する側として、自分の大事なクライアントを、一度や二度だけお会いした先生にお繋ぎはしにくいものです。

接触回数を増やすには、コミュニティーを継続し、参加回数を増やす必要があります。「継続は力なり」、何事も続けることで成果が得られるものであるということを心掛け、すぐに「このコミュニティーはダメだ」と悲観するのではなく、継続して参加し続けることが重要です。

よく開業して間もない方に、集客方法として、「リアル営業による集客」または「ＷＥＢ集客」

どちらがいいですかというご質問をいただきます。一般的にコミュニティー活用は前者の集客方法となりますが、どちらの集客方法が望ましいのかというのは、どちらを徹底的に行うかに帰結します。

もちろん商品による相性は存在しますが、一番重要なのは、限られたリソースの中で、選択した集客方法を徹底的にやることです。ホームページをつくって、記事を作成し、リスティング広告を出稿し、ＷＥＢ集客を少しやってみたけど、あまり上手くいかなかったからリアル営業に切り替えるなど、一番よくないことは、中途半端な行動をすることです。どちらの集客方法にせよ、少しやった程度では効果は出ません。

私は、意識的に「徹底的にやる」ことの価値を信じています。お試し、中途半端ではダメ。戦略を立て、継続し、やり抜く。上手くいかなければ、修正し、アップデートする。すぐに結果の出る方法など基本的にありません。ぜひ、継続し、やり抜くということを心掛けてください。

7　コミュニティーを継続するデメリット

継続することが最重要であることを前提で、コミュニティーを継続することのデメリット、コミュニティー撤退の判断となるキーをお話しします。コミュニティーマーケティングを図るには、時には辞める決断、撤退する勇気も必要となります。

事務所や自分の成長につながらない

1人の人間が参加できるコミュニティーには限りがあります。特定のコミュニティーに依存することは、新しい経験や学びの機会を逃すことに繋がります。成熟しきった古いコミュニティーでは既存メンバーでの活動が主となったり、一部の人間のみが満足する場となったりします。自身や事務所の成長に繋がらないコミュニティーであれば、たとえ付き合いが長くても、勇気をもって撤退しましょう。

人間関係が過激なストレスになる

リアルなコミュニティーは人と人の接触であり、どうしても相性が生じます。不健康な関係は、ストレスとなり、それが本業の実務にも影響が生じれば本末転倒です。コミュニティーの人間関係が過度なストレスになるのであれば、さっさと撤退しましょう。

無駄な活動が多い

ミーティング、イベントの計画、コンテンツ作成、メンバーとのコミュニケーションなど、コミュニティー活動は多くの時間とエネルギーを消費します。また体裁ばかりを気にし、無駄な活動が多いコミュニティーも存在します。継続しても目的が達成されそうにない場合や本業の実務に影響がある場合などは撤退のタイミングかもしれません。他の価値ある活動や関係に時間を割く選択が必要です。

成長が鈍化してしまう

同じメンバーやリーダーシップの下でコミュニティーを継続すると、新しいアイデアや刺激が少なくなり、自身やコミュニティーの成長が鈍化してしまう可能性があります。コミュニティーの成長性と結果は、常に確認が必要です。

8　コミュニティーにまずは入ってみよう！

自分より上のコミュニティーに入る

まずは思い切ってコミュニティーに参加してみましょう。士業事務所を開業すると、実に多くのコミュニティーに誘われます。コミュニティーへの参加は、目標や志を共有する人々とのつながりを確立し、学びや楽しさを増やす素晴らしい機会です。士業にとって、コミュニティーに参加し、他士業の方と信頼関係を築くことは、売上の増加や既存顧客への価値提供にとって、大きな役割を果たします。

ぜひ積極的に参加していただきたいコミュニティーなのですが、コミュニティー活動をしていると、精神面で参加に躊躇する先生を多く見受けます。その理由を伺うと、「私なんて」という思いを持っている方がとても多いことに気づきます。

コミュニティーに参加し目的達成や成長を遂げたいのであれば、自分のレベルより高いメンバー（売上、顧客数、専門性、経歴、経営経験、経営能力など）が集まるコミュニティーが望ましいです。

多くの方はそれを当然に理解しているのですが、「私のレベルでこのコミュニティーに参加するなんて」と卑屈になって参加を躊躇してしまっています。私自身も幾度もなくその感情を経験しています。

ではどうすれば、躊躇せずに初めてのコミュニティーに参加ができるのか。

まずは、恥ずかしいや気まずいといった自分個人に向かっているビジネス上無意味な感情をできる限り切り離してください。そして、このコミュニティーに参加することでどんな利点があるのかを客観的に考え、第2章4節で述べたような行動を意図的に行うことで、参加への心理的ハードルを下げることが出来るかと思います。

初めて参加するコミュニティーです。躊躇する精神は当たり前です。それでも勇気をもってコミュニティーに参加し、多くの苦難を経験し、乗り越え、継続してきた方が、現在活躍している先生たちです。ステージの高い人たちと一緒にいるのは、価値観や考え方を共有できず、居心地が悪いものですが、接する機会が増えれば、自分の価値観や考え方も自然と変わってゆきます。

またそのレベルに合わすために必死に勉強し行動します。「私なんて」という感情は打算的に捨て、積極的にコミュニティー活動に参加することを推奨します。

第3章　コミュニティーも千差万別

（担当　吉野　智成・湯田　一輝）

1　いいコミュニティーとは

いいコミュニティーの判断ポイント

いいコミュニティーというとすごくざっくりしていますが、コミュニティーというくくりに属する人の集まりにもいいところと悪いところは当然あるものです。そんなコミュニティーの中でいいコミュニティーとはどんなところでしょうか？

いいという基準は人それぞれでもあります。そこでここでは、本書の目的でもある士業が仕事につながるコミュニティーということをふまえていいコミュニティー、悪いコミュニティーを考えていきます。

いいコミュニティーの判断ポイント①／目的

いいコミュニティーを判断するうえでまず大事なのは「目的」です。ビジネスなのか？　遊びなのか？　それ以外なのか？　士業がコミュニティーを活かして仕事につなげるためには、もちろん「ビジネス」が目的となっていることが当然です。ビジネスとはつまりビジネスをみんなで拡大していこう、成長させていこうと考えているコミュニティーであるかどうかがまずはいいコミュニティーといえます。

趣味や飲み会が目的になっているコミュニティーの場合は、どうしてもビジネスで活かすには不適切です。私も過去に会費が低額のビジネス交流会という名のコミュニティーに参加しました。定例会というのが毎月あり、そこではビジネスを伸ばそう！　と声高に言っていますが、結局は先に入ったメンバー同士で箱の中でビジネスを回している感じの会でした。しかも飲み会もわりと頻繁にあり、飲み会ばっかじゃん！　と思って半年くらいでやめました。もちろん趣味や飲み会から仕事につながっていくということもあり得ますが、それは副次的なものといえます。

ここで言いたいのは「主目的がビジネス」ということです。ビジネスの拡大と世間体的に言っているコミュニティーでも意外と発足メンバーだけでつるんで新しく入った人はなかなか日の目をみることのないようなある意味くだらないコミュニティーも存在します。成長を通じて趣味や飲みを加えていくのはとてもいいといえます。仲良くなった先にビジネスが成長することもありますから、コミュニティーの主目的がビジネスの拡大・成長であることをまずは確認しましょう。

いいコミュニティーの判断ポイント②／参加者属性

次にいいコミュニティーを判断するうえで大事なのは、そのコミュニティーに参加している人がどんな人たちが多いのか？ということです。

例えば、先生ご自身が相続を専門に仕事をしているとした場合には、参加者に相続に関連しそうな参加者がいなければビジネスになるまでに当然時間がかかるといえます。

また、参加者属性を判断する際には、コミュニティーに参加しているメンバーを金のがちょうととらえるか、金のたまごととらえるかでも参加する際の視点が変わります。

金のがちょうとは「協業できそうな人」ということです。また金のたまごとは「直接顧客」ということを意味します。

先生ご自身がどんな人とつながることが一番なのか？　ということをまずはコミュニティーに参加する前に見つめなおしてみてください。

いいコミュニティーの判断ポイント③／開催頻度

先生がコミュニティーでビジネスを拡大して成長しようと考えた場合には、開催頻度も大事なポイントになります。

せっかくいいコミュニティーに参加できたとしても次回が1年後とか開催頻度があまりにも少ないコミュニティーの場合は、それだけビジネスを拡大・成長させるスピードは遅くなりがちです。人は「接触頻度」というのはかなり重要で、会う回数が多ければ多いほど、人はその人に「親近感」を抱くということが言われています。具体的なコミュニティーであれば「ＢＮＩ」はこの典型例です。

当然1週間に1回会うコミュニティーと1年に1回会うコミュニティーにはかなりの差があります。

1週間に1回程度がベストですが、最低でも1か月に1回程度開催されているコミュニティーのほうがビジネスを拡大・成長させるスピードは変わってきますので、コミュニティー選びの際には、この点もしっかり確認するようにしてください。

いいコミュニティーの判断ポイント④／参加費

参加費があるかどうかもいいコミュニティーの特徴として挙げられます。ただし、参加費があるからいい、ないから悪いということで見極めることはできません。しかし、無料で参加できるコミュニティーよりも有料で参加できるコミュニティーのほうが参加しているメンバーの「質」に違いが出てきます。

自分で身銭を切って参加しているわけですから、有料のコミュニティーのほうがそれだけその会に臨む姿勢が違いますし、ビジネスを目的とするコミュニティーであれば、お互いが真剣にビジネスをしていこうという気概が違ってきます。

あくまでも目安ですが、毎月1万円以上かかっているコミュニティーに関しては参加しているメンバーもそのコミュニティーの目的に沿って真剣に取り組んでいるメンバーが多い傾向にあります。

例えば「ＢＮＩ」で言うと、年間で20万円弱のプログラム利用料という名の会費がかかります。これを入会の際に一括で支払うわけですが、月で換算すると2万円弱です。このような会は、ビジネスを真剣に取り組んでいこうという意気込みの強いメンバーがたくさんいます。（例外的に人脈づくりだけみたいなメンバーもいますが……)。

会費だけでいいコミュニティーという安易な判断はできませんが、参加者が全国で1万人を超えるコミュニティーだということを考えると1万人のビジネスマンがビジネスになると確信して参加しているわけですから、BNIはいいコミュニティーと呼べる分類に入ります。

ただし、BNIは先生が専門とする分野（一例：外国人ビザ、障害福祉）によっては、ニッチすぎる業務であり、汎用性があるようなサービスではないため、仕事につながるまでに時間がかかったり、そもそもターゲットにつながらない可能性もあります（汎用性が高い業務例：建設業、相続、補助金）。

その辺に関しては、BNIで所属するビジネスチーム（チャプター）のメンバー属性もよく見極めながら加入するかどうかを選択するほうがいいです。

もちろん、ビジネス目的でなく趣味などご自身のプライベートなどを充実させる目的で参加するようなコミュニティーであれば無料でもそのコミュニティーの目的に合ったメンバーと会うことは十分可能でしょう。

有料か無料かの判断基準で単純に決めつけずに、自分がコミュニティーに価値を感じることができるかどうかという視点も重要になります。価値という基準も十人十色ですが、「加入したらビジネスを伸ばせる可能性を感じるか？」この視点を忘れないようにしてください。

2　悪いコミュニティーとは

悪いコミュニティーというのも世の中には存在します。ここではそんな悪いコミュニティーの特徴についてみていくことにしましょう。

ただし、悪いという定義は人それぞれの解釈ですので、ここではビジネス拡大の目的として参加しようとお考えのお読みいただいている先生の目線に立ってお話をしていきます。

悪いコミュニティーの特徴①／コミュニティーの目的がビジネスではない

これは論外といえる特徴といえるでしょう。

ご自身のビジネスを伸ばしたいと考えているのであれば、ビジネスを拡大することを目的としたコミュニティーに加入すべきです。

もちろん趣味や遊びというコミュニティーがだめだと言っているわけではなく、ビジネスを拡大する目的の先生が加入すべき第一順位のコミュニティーではない、ここでいうところの悪いコミュニティーの一例といえるということです。

ビジネスをしっかりして、遊ぶときは遊ぶ！　このようなメリハリのあるコミュニティーであれば、遊びの要素が入っていることはむしろ加入するメンバーのモチベーション維持に役立ちます。

悪いコミュニティーの特徴②／飲み会ばかり

飲みにケーションなどという言葉もある通り、お酒を飲んで楽しみながら人脈を広げビジネスを拡大していくということは有効な方法の1つです。

ですが、飲み会が多すぎるような会はご自身の懐事情にも影響しますし、なにしろ健康にも影響が出てしまう可能性もあります。

コミュニティーの会合の後に飲み会を2次会、3次会と行くのはたまにはいいかもしれないですが、定例の会合以外にも飲み会の回数が多いコミュニティーは参加することをいったん検討すべきかなと思います。

例えば、私が参加している「真誓会」では、毎月1回の定例会の後は決まって交流の一環で2次会を開催しています。また月1回ということもあり、仲良くなったメンバー同士で自発的に3次会にも行きます。私もなるべく月1回ということで時間の許す限り3次会などにも参加しています。

そうすると、自然と吉野さんは「補助金の専門家」といった認識がされてきて、今では定期的に補助金の仕事なども受けるまでになっています。（真誓会は年会費3・3万円なんですが、入会半年でその10倍以上の金額の仕事を受注できました。そんなこともあり得るのがコミュニティーマーケティングなんです。

ただし、飲み会も前述したとおり頻繁過ぎるというのは考え物です。目安としては会合以外に飲み会が月に4回以上発生してくるようなコミュニティーは頻度が多いかなと思いますので、1つの判断指標として頭の中に入れておいてください。

悪いコミュニティーの特徴③／会員同士のコミュニケーション不足

コミュニティーの多くは定期の会合などを開催し、メンバー同士で交流を図っていきます。その際にやはり会の運営をするメンバーが存在してきますが、会がスムーズに進行しているということはメンバー同士の連携が取れていていいコミュニティーとして判断する際の１つのポイントといえます。

いいコミュニティーの代表格でもあるＢＮＩでも、メンバー同士のコミュニティー不足が原因で、チャプターと呼ばれるビジネスチームが崩壊することだってあり得ます。私はＢＮＩには創業当初に１度加入し、４年目に再度加入し直しました。以前に加入していたチャプターもいまだに継続していますが、一度退会して戻ったときに在籍していたチャプターがないなんてことは意外とあります。

逆に会の進行が雑だったり、登壇する人が遊んでいるような会だったりする場合は、あまり会に真剣に参加していないメンバーが多く、参加していてもむしろ不利益になる可能性もあります。

悪いコミュニティーの特徴④／売り込みが激しいメンバーが存在する

ここでいうコミュニティーはいわゆるビジネスにつながるコミュニティーを言います。ビジネスにつながるということはメンバーごとにビジネスにつながる営業活動をすることは許容されることにはなります。

ただし、その営業活動が過度なメンバーが1人でもいた場合はどうでしょうか？　この人は売り込みばっかりだな、人の話は全然聞いていないなど他のメンバーの不満が出てくる可能性が極めて高くなります。

そうはいっても、自分のビジネスを拡大したいという思いは誰しも一緒で基本すべての人は本来売り込みしたいテイカーです。大事なのは、ここぞというときにはテイカーとして営業をして、普段は羊の着ぐるみを着たおおかみばりに、皆さんに貢献する意識の高いギバーでいられるかどうか？　というのが大事です。

まずはコミュニティーに参加しているメンバー同士の仕事や人となりを理解してからビジネスの話をしていくようなコミュニティーがいいコミュニティーといえるでしょう。


以上、いいコミュニティーを探すための悪いコミュニティーにある代表的な特徴を見てきました。

ただし、最終的に大事なのは、そのコミュニティーに参加してみたいと思えるかというあなた自身の直感ともいえる感覚が大事です。

最初に違和感を覚えるコミュニティーはやはり参加してからも何かしら違和感があり続けることになりがちです。

３　いいコミュニティーを見極める方法

避けたほうがいいコミュニティー

いいコミュニティーを見極める方法として、まずは自分がコミュニティーに何を求めるのかを明確化する必要があります。コミュニティーに求めるものは、各々の置かれている環境、目標によってそれぞれ異なります。具体的な目標を設定することで、それらの目標を意識的に追求し、結果、コミュニティーの選択の手助けとなります。

前章で述べたようにコミュニティーは場所や活用の仕方によって、様々な利益を享受できます。一方で、避けたほうがいいコミュニティーが一定数存在するのも事実です。

・既存メンバーが固定化され、新規メンバーが入らず、紹介案件が発生しにくい
・拘束時間が長く、頻度も多く、本業に支障をきたす
・飲み会やゴルフなどの余興時間が中心となり、ビジネスをスケールさせたいメンバーが少数

このようなコミュニティーであれば、一考し、別のコミュニティーへの参加が推奨されます。

例えば、自分が士業事務所を拡大したいと考え、経営者としての成長や紹介案件発生の構築を目指し、士業コミュニティーを活用するのであれば、参加している士業の事務所規模、売上を確認してください。自分の事務所の年商が１０００万円であれば、５０００万円、１億円以上の年商規模

の士業が集まる場所が適しています。最新の事例や法改正等の情報を共有し、専門知識を高めたいのであれば、規模を拡大し、経営者としての活動に注力している方が集まる場所より、属人的に長きにわたって実務に取り組んでいる方が集まっているコミュニティーが適していると言えます。

いいコミュニティーとは、自分がコミュニティーで達成したい目標が成し遂げられる環境が整っている場所となります。前章でお話しした「コミュニティーの役割と利益」を確認し、コミュニティーでの目標を明確にし、コミュニティーに参加し、俯瞰してそのコミュニティーを観察してください。同レベルが集まり、居心地のよさ等でコミュニティーを判断するべきではないです。

そのコミュニティーは、どんなメンバーが集まっているのか、成長性はあるのか、メンバー同士のエンゲージメントは高いか、結果が出ているのか、自分の目的と合致しているのか、現在では多種多様なビジネスコミュニティーが存在しますので、自分のものさしをきちんと定めて判断できることが、いいコミュニティーを見極める方法となります。

4　実録！　悪いコミュニティー

その①／保険の営業マンだらけのコミュニティー

決して保険営業マンの方を悪く言いたいということではないですが、微妙だったなと今でも覚えています。

定期開催しているビジネスコミュニティーだったのですが、参加費も３０００円程度と比較的低単価のコミュニティーでした。

会場に到着すると、受付をしてまずは自由に参加者同士が名刺交換をしていました。早速私も参加者と名刺交換するべく、声掛けを始めました。

すると、名刺交換する人すべて「保険営業」だったんです。

次の方は違うだろうと期待をして名刺交換をしたところなんと、最終的に名刺交換した９割が保険営業の方でした。

その場で売り込みをされるなどはなかったですが、士業とつながりたいオーラを隠し切れないような保険マダムも実際いて、若干恐怖を覚えたのを今でも忘れられません。

せっかく参加したコミュニティーなのにつながれたほとんどが同じ業種の方ばかりだと、なかなか参加する効果が薄いのは言うまでもありません。

ここで言いたいのは、保険営業の方がだめということではなく、参加するからには様々な業種の方とつながれるコミュニティーを選ぶべきだということです。

傾向として、参加費が低額（目安：３，０００円以下）なコミュニティーには意外とこのような業種の偏りがあるので、参加する際には事前に参加者がわかるようであれば調べてから参加可否を決めることをおすすめします。

ともあれ、いい経験ができたなと今では思えます。一度は経験してみるのもアリでしょう（笑）。

その②参加者が毎回同じかつ少人数コミュニティー

私が参加したコミュニティーでちょっといまいちだなと思ったコミュニティーの2つ目としては、参加者が同じだけでなく少人数（20名以下）のコミュニティーに参加したときに微妙だなと感じたことをお話しします。

このコミュニティーは独立して2年程度経ったときに参加したのですが、知り合いから紹介されて参加をしてみました。当時はすでにコロナ真っ只中でしたので、オンラインとリアル開催を合わせたハイブリッド形式で開催されました。

私は当日オンラインで参加しましたが、参加する人ほとんどが毎回同じようで、ゲストは私も含め1名から2名程度だったのを覚えています。参加してみて感じたのは、かなり内輪感が強く、なかなか溶け込めるイメージがなかったため、ゲスト参加のみでその後は参加をしませんでした。

もちろん、所属するメンバー同士が仲良く内輪感があるのも所属しているメンバー同士はいいのかもしれませんし、こじんまりと開催することも不正解とは言えませんが、ビジネスをこのコミュニティーで伸ばせる！という気持ちにはなれず、仲間内だけで楽しんでいるコミュニティーにしか見えませんでした。

これはあくまでも私が参加した際に感じたことであり、実際参加したら違う気持ちを持たれる人もいるかもしれません。

ここで言いたいことは、毎回同じメンバーだからダメ、少人数開催だからダメということではなく、せっかくコミュニティーに参加したのなら、毎回新顔であるゲストをもっと呼べるように所属するメンバー同士でも協力しながら主体的に取り組むべきということです。

コミュニティーはどんなに質の高い場所だったとしても、要は接触できるメンバー数に比例してビジネスが拡大すると言えます。毎回同じメンバーだけ、ゲストも毎回少数だと、そのビジネス拡大のスピードはかなり遅くなります。

先生自身が参加を検討する際には、できるだけメンバーが多いコミュニティーを選択することも早くコミュニティーマーケティングの成果を上げる方法であるということをご理解いただければと思います。

5　おすすめできる実際のコミュニティー

ここでは、私が過去参加した、参加しているコミュニティーでおすすめできるコミュニティーをご紹介します。あくまでも、私が過去参加した、参加しているコミュニティーの中でのおすすめできるコミュニティーになります。

コミュニティーのおすすめポイントなどもふまえながらご紹介していますので、ぜひ先生ご自身が参加検討する際の参考にされてください。

こちらをご覧になってぜひ一度参加体験をしてみるのもおすすめです。

【おすすめできる実際のコミュニティーその①／真誓会】

真誓会とは、会員同士の「相互扶助」によりビジネスを発展させることを目的としたビジネスコミュニティーです。

開設されてから2023年時点でまだ2年半程度と日が浅いビジネスコミュニティーであるにも関わらず、3500社以上の経営者が参加しています。

各地域に50以上のエリアがあり、エリアごとに30名～100名程度の経営者が毎月1回の定例会と呼ばれるビジネス交流会に集まります。

対面交流をすることに重きを置きつつも、昨今の社会情勢に合わせた対面とオンラインを混合させた交流会開催やメタバースを活用したメタバース上での交流会開催など斬新な施策を行い、会員の福利厚生にも力を入れた会です。

2023年には海外にもエリアが開設され、今後もますます会員数やエリアが増えていく急成長中のビジネスコミュニティーです。

私は、2022年8月に錦糸町エリアに知り合いの経営者さんの紹介で加入しました。参加する際には一度ゲストで参加できるのですが、ゲストの立場では1回しか参加できないルールになっており、私も初めて参加したときに会自体のメンバー増加数や参加していた定例会の雰囲気などでビジネス拡大の可能性がありそうな場所かなといわば直感で加入しました。

その直感が当たったかどうかは別として、加入して半年後に仕事をもらうことができ、年会費

（3万3000円）の10倍以上の仕事になった経験があり、その後もだんだんと紹介も来始めているのも含め参加してよかったと思っています。

今では、錦糸町エリアの運営にも関与する立場になり、会を盛り上げるという役目も担っています。

注意点としては、経営者などの決裁権を持った方しか会員になれないため、勤務している士業などは参加できないことがあります。（個人事業主として勤務しながら活動している士業は参加できます。）

●おすすめポイント

・会員の増加数がギネス級に早く、スピード感のある経営者が多数在籍
・会の発足からまだ日が浅く、会の中心で活躍するメンバーとの距離も近く、会自体の運営など抜擢されて活躍の場がたくさん提供されやすい
・会員になると日本全国、海外どこのエリアにも基本的に参加できる
・定例会に参加する際に参加費（平均8，000円前後）がかかる仕組みなので、参加しやすい
・オンラインでの参加など会員の利便性にとことん答える仕組みづくり

●気になるポイント

・開催頻度が月1回のためもっと頻度を求める人は物足りない可能性あり（ただし、自分の所属エリア以外のエリアにも参加可能で、メンバーによっては毎週どこかのエリアに参加している人も

いるのでここは解決できます）

●おすすめできる方

・経営者に直でつながってスピード感をもってビジネスをしたい方
・オンラインも活用しながらビジネスを伸ばしたい方
・先行者利益を得たい方

【おすすめできる実際のコミュニティーその②／ＢＮＩ】

ＢＮＩは、１９８５年にアイヴァン・マイズナー博士により創立された世界最大級のビジネスリファーラル組織です。ＢＮＩでは、経営者や事業オーナーがお互いにリファーラルを提供しあうための仕組みと環境を用意しています。ＢＮＩのメンバーは、数十人の経営者や事業オーナーで構成される「チャプター」と呼ばれるグループで信頼関係を築き、お互いにリファーラルを提供しています。

私は２０２３年現在ＢＮＩで活動しています。私が参加している会は、２０２３年2月に立ち上がったばかりのチーム（チャプター）で40名以上のメンバーが活動しています。そこでは、私は「補助金専門行政書士」というビジネスカテゴリーで登録し、毎週メンバーとリファーラルを交わしています。

毎週のビジネスミーティングでは継続的にメンバーからリファーラルもいただいています。

●おすすめポイント

・毎週のビジネスミーティングへの参加のコミットがあるため、メンバー同士の接触頻度が高くなり、結束が深まりやすい
・毎週リファーラル（紹介）をコミットしているため、加入当初よりビジネスのきっかけづくりがしやすい
・ビジター招待をメンバーがコミットしているため、新規見込み客へのアクセスがしやすい

●気になるポイント

・毎週参加がコミットのため、基本欠席できない（代理を立てれば欠席にならないので、その制度を利用すれば解決できます。）
・ノルマではないが、ノルマに感じるようなコミット（毎週のリファーラルの提供、ビジター招待など）がたくさんある。（ただし、コミットがたくさんある分紹介は出やすいです。）

●おすすめできる方

・毎週のビジネスミーティングに参加する意欲のある方
・メンバー同士でより結束を固めたコミュニティーのほうが肌に合う方
・リファーラル（紹介）の仕組みについて継続して学ぶ意欲のある方
・継続したビジネスの可能性になる紹介が欲しい方
・ビジネスで協業できる仲間を増やしたい方

【おすすめできる実際のコミュニティーその③／ニーズマッチ】

貢献、感謝、承認を理念として、デール・カーネギーの「人を動かす」（１９３７年初版）を行動指針にしています。一番の魅力は、「その場ですぐに、あなたのビジネスが売れる」ということです。

業種の人たちが集まって、４〜５人のテーブルをつくり、その場で自分たちの事業やサービスの紹介をします。これを「テーブル商談」と言います。このテーブル商談はニーズマッチの特色といえます。

私はニーズマッチには２０２３年に加入しました。ゲスト参加したときにテーブル商談という少人数のグループでのビジネスの紹介交流があったのがとても魅力的で、毎回参加し続ければビジネス拡大のきっかけになりそうかなという思いで、現在参加をしています。

●おすすめポイント

・所属支部では毎月１回の交流会が開催され、そこでは交流会だけでなく学びの機会も提供してくれる

・どこかの支部に所属すれば全国のニーズマッチの支部に参加が可能（参加費はかかります）

●気になるポイント

・毎月１回の開催であるため、もっと交流をしたい人は物足らないかも（ただし、ニーズマッチも全国の支部への参加ができるので、別の支部への参加で開催頻度の問題はクリアできます）

●おすすめできる方

・少額のサービスや商品を取り扱っている方
・ビジネスだけでなく学びの機会も欲しい方

【おすすめできる実際のコミュニティーその④／倫理法人会】

１９８０年にスタートした倫理法人会は、実行によって直ちに正しさが証明できる純粋倫理（くらしみち）を基底に、経営者の自己革新をはかり、心の経営をめざす人々のネットワークを拡げ、共尊共生の精神に則った健全な繁栄を実現し、地域社会の発展と美しい世界づくりに貢献することを目的とした団体です。

現在は全国７００か所以上で「企業に倫理を、職場に心を、家庭に愛を」をスローガンに、純粋倫理に根ざした倫理経営を学び、実践し、その輪を拡げる活動に取り組んでいます。ビジネスの交流会というものではなく、経営のヒントにもなる倫理の実践を行うためのコミュニティーになっています。

●おすすめポイント

・直接的な仕事を回しあう会ではなく、自己啓発的な一面もあり、ビジネスが成功されているような大規模な企業の社長が参加しているケースが多々ある
・人間の根幹に向き合って、経営者としてだけでなく1人の人間として成長をしていきたい方

●気になるポイント

・直接的にビジネス交流を目的としているコミュニティーではないため、すぐに売上につながるような紹介が欲しいという方には向かないかも（ただし、倫理法人会のメンバー同士は、倫理という部分で共通言語を持っているため、別の場所で倫理法人会加入メンバー同士が会った際などに親近感を覚え、それをきっかけにビジネスにつながることもあります）

●おすすめポイント

・毎月1万円の会費を支払うだけで、基本毎日様々な場所で開催している経営者モーニングセミナーに参加し放題

・倫理を学んでいるというういわば共通言語がある為、仕事になったときには具体化までのスピードが速い

その他さまざまなコミュニティーは世の中に存在しますが、大事なのは参加してみて雰囲気やメンバー属性などが自分に合っているかどうかです。

自分の目で見て体験することがいいコミュニティーに出会う最良の方法と言えます。

【おすすめできる実際のコミュニティーその⑤／船井総研　経営研究会（業種別テーマ別研究会）】

船井総研の経営研究会は、業種別・テーマ別に定期的に開催される、経営者のための勉強会コミュニティーです。業種やテーマに精通したコンサルタントが主宰しています。

士業の分野では、主に以下の研究会が存在します。

【司法書士】

司法書士・土地家屋調査士事務所経営研究会

相続・財産管理研究会

【税理士】

会計事務所相続研究会

創業支援研究会

経理コンサルビジネス研究会

【社会保険労務士】

公的制度支援研究会

障害年金経営研究会

社労士事務所経営研究会

【行政書士】

士業向け国際業務経営研究会

【弁護士】

企業法務研究会

法律事務所経営研究会

法律事務所人身傷害業務研究会
士業向け国際業務経営研究会
など
株式会社船井総合研究所は、言わずもがな日本トップクラスのコンサルティング会社です。
各士業の業種別・テーマ別に研究会が設けられており、私自身も「国際業務経営研究会」に所属しています。そして、船井総研主催の研究会の特徴は大きく別けると3つあると考えています。
①船井総研の当該分野に精通したコンサルタントから最新の業界の動向やビジネスモデル別のプロモーションを学べること
②毎回、当該分野のトップランナーがゲストとして登壇し、各成功事例や最新の情報が共有されること
③業種別・テーマ別に細分化されていることから、会員の専門知識レベルが高く、双方向の情報交換のレベル・質が高いこと
士業周りにおいては、最新の法改正等の情報や業界動向などを共有する会は多くありますが、この研究会では単に情報を共有するだけでなく、どのように当該情報からビジネスモデルを構築し、「事務所経営に落とし込むのか」までを船井総研のコンサルタントが中心となり、緻密に設計が行われます。単なる士業の集まりであれば、貴重な情報を得たで終わり、当該情報をどのように事務所に落とし込むかは、各事務所の所長に委ねられるところであります。

日本トップレベルのコンサルタントが関与することにより、業界動向や最新情報から、どのように商品設計し、プロモーションするのか、事務所への落とし込みまでを緻密に設計・検討が行われます。これこそが船井総研研究会の大きな魅力です。

【おすすめできる実際のコミュニティーその⑥／国際行政書士養成講座】

国際行政書士養成講座は、1年をかけて、過去事例を中心としながら入管業務のイロハを身に付けるコミュニティーであります。1日の講座は5～6時間に及び、徹底的に入管業務を専門としている先生から入管法の知識および実務を学びます。

私自身、開業時は入管業務を専門とすることを決めていたものの実務経験ゼロの状態でありましたので、当該講座含め入管業務に関する講座は多岐に渡り参加しました。中でも当該講座は情報量・質ともに圧倒的であると思っています。国際行政書士養成講座の特徴は以下の3つです。

①学習期間が約1年に及ぶこと。専門性を一から身に付けることは一朝一夕ではできません。専門性を身に付けるためには、やはり長期に渡り徹底的に学ぶことが必要です。当該講座では、単に入管業務の知識を断片的に身に付けるだけではなく、商品の柱となるまでの知識を得ることができます。

②120例以上の豊富な生事例が共有されること。法律論を学ぶことは当然に重要でありますが、実際に実務をやっていく上で過去事例があることは非常に価値があります。また事例は編集可能

なデータで共有されますので、すぐに活用することが可能です。

③実務相談が無制限でできること。実務の上でどうしてもわからないことは発生します。支部等の諸先輩に簡単に質問ができればいいですが、なかなかそうはいきません。このコミュニティーでは一定の費用が発生し、その対価として有益な回答が得られます。つまり、参加者と運営者が適正に対等な関係にあるため、参加者にとって容易に質問が行える環境となっています。

事例を通し、一から入管業務を学び、生事例で理解を深め、実務上どうしてもわからないことは相談できる。当該講座は国際業務を新たに専門業務とする士業に適したコミュニティーです。1人で頑張るより何倍ものスピード感をもって、専門の商品を構築できます。現在は、縁があり当該講座で講師をしておりますが、開業時に参加して良かったと心底思えた講座です。

6　コミュニティーにはいくつも入るべきか？

複数のコミュニティーに入るほうがおすすめ

コミュニティーは世の中にたくさんあります。そうすると、「いくつもコミュニティーに入るべきか？」という疑問が出てきます。結論から言いますと、その人次第といえます。私自身現在は、5つ程度のコミュニティーに参加しています。

ただし、それだけのコミュニティーに参加しているとどうしても優先順位が生まれるので、優先順位がかなり低いコミュニティーは時間や費用の無駄になりかねないので早めに退会などの決意をすることも必要です。

参加コミュニティーが多ければいいという単純な図式にはなりませんが、１つのコミュニティーだけに参加しているよりも複数のコミュニティーに入っている方が多くのメンバーと知り合うこともでき、結果としてビジネスにつながりやすい機会が多くなるともいえます。

しかも、いろいろなコミュニティーに入っていると、複数コミュニティーに入っている別のメンバーに会うたびに意外と接触頻度が高まり、そこから親しくなるなどの効果もあるので、複数コミュニティー参加もまんざら捨てたものではありません。

一応の目安ですが、３つから4つのコミュニティーに参加することがよりビジネスにつながりやすいです。

私は、２０２3年現在においては、真誓会、ＢＮＩ、倫理法人会、ニーズマッチの加入の他、守成クラブ、Ｋクラブというコミュニティーにも加入しています。

参加頻度はどのコミュニティーもバラバラですが、メンバーによっては、私のように複数のコミュニティーに参加しているため、会場で頻繁にお会いする人もかなりいます。

そうすると、月1回程度の開催頻度のコミュニティーでも別のコミュニティーに参加している際にも会うメンバーとは自然と仲良くなったりします。それきっかけで紹介につながったこともかなりあります。

【複数コミュニティーに入る際のおすすめの入り方（一例）】

1つの目安ですが、コミット力が高い会を1つ入り、それよりもコミット力が低いコミュニティーに2〜3程度加入すると相互にシナジーを生みやすいです。

・参加コミュニティー1　BNI（コミット力は高い）
・参加コミュニティー2　真誓会（コミット力は中くらい）
・参加コミュニティー3　倫理法人会（コミット力は中くらい）
・参加コミュニティー4　ニーズマッチ（コミット力は低い）

コミュニティーへおすすめの入り方の一例を挙げましたが、コミュニティーというものに参加するのは初めてという方は、まずは、色々なコミュニティーに参加体験をすることをおすすめします。

多くのコミュニティーは参加体験をすることが可能ですが、ゲストで2回まで参加可能です、紹介制ですといったルールを設けているコミュニティーもあります。

次が一例になります。

ＢＮＩ：基本紹介制、ゲストは2回まで参加可能
真誓会：完全紹介制、ゲストは生涯通じて1回のみ参加可能
倫理法人会：基本紹介制、ゲストでの参加に制限なし
ニーズマッチ：基本紹介制、ゲストは年間2回まで参加可能
Ｋクラブ：完全紹介制、ゲストでの参加に制限なし

第4章　コミュニティーを自分でつくってみよう

（担当　吉野　智成）

1　自分コミュニティーのつくり方

自分コミュニティーをつくるときのポイントは

ここまで読んでいただいている先生は、もう自分でコミュニティーをつくりたくなってうずうずしてるんじゃないでしょうか？

ですが、焦るは禁物です！　自分コミュニティーをつくる際には大事なポイントがいくつもあります。私も今自分自身で士業や士業と親和性の高い業種で交流できるようなコミュニティーをつくり始めています。

自分でつくるというのは、私自身が取り組んでみて思いますが、「かなり面倒」です。コミュニティーづくりはある意味アウトプットです。インプットは意外とできても、アウトプットはなかなかできない。そんな経験ありませんか？これは自分コミュニティーづくりの際にも出くわす大きな壁とも言えます。

しかし、面倒の先には、主催者となることのメリットがかなりあります。

ここでは、自分コミュニティーをつくって、まずは行動してみようという読者である先生方を喚起するための章になります。何度も読み返して、是非自分コミュニティーをまずはつくる！　これを意識してみてください。

【①目的の明確化及びコンテキスト設定】

目的の明確化とかコンテキスト設定とか小難しい言葉で表現してますが、いわゆる「なぜコミュニティーをつくるのか？」ということを明確化するというのが大事だということです。会社でもなんでもそうですが、成功している会社は経営理念があります。経営理念はその会社だったり組織が大事にしている木の根っこともいえるものです。

自分コミュニティーをつくるときもこの木の根っこは大事です。

私は現在士業交流会という名の自分コミュニティーをつくっています。最初は２０２３年のゴールデンウィークに士業数名に声かけて東京の上野で懇親会をしたところからの始まりでした。私は以前から士業同士は連携しあいながら人となりを知った好き同士で仕事を回すのが一番だと考えていました。

そこで、私がいつもお世話になっていて信頼し好きな士業の先生をお誘いして、その会が開かれました。やっぱり能力とかその人のステイタスとかではなく、好き同士、信頼できる同士で仕事が回れば、お互いｗｉｎｗｉｎの関係になれるなと確信できました。そこで、集まった士業の先生に「今後も交流会を継続していきたい！」という思いを伝えたところ集まったみんなに賛同をいただき、スタートすることになりました。

現在では、士業だけでなく、士業と親和性のある仕事をしているメンバー（例：保険、財務コンサル）も加え交流会を継続して開催しました。参加者も現在は増えており、30名以上になってきました。

しっかりとした木の根っこを持っているおかげで、毎回参加してくれるメンバーさんからは「吉野さんのコミュニティーはほんといい人が多くていいですね！」とお褒めの言葉をいただきます。私はその言葉を糧に今の自分コミュニティーを育てていこうと考えています。

また、木の根っこが定まったとしても、対外的な見え方、いわゆるコンテキスの設定も最重要テーマです。コンテキストというのはここでは、ご自身のあり方や、コミュニティーの対外的な見え方と定義します。

木の根っこである「目的」と「コンテキスト」があっていなければ、自分コミュニティー自体の中身と姿のギャップが生まれ、入会希望者の意欲が低下する可能性があります。

例えば、参加者が中堅規模以上の企業経営者が集まるコミュニティーを作ろうとしているのに、場所が安価なレンタルルームで開催するといったものは、参加するメンバーがどう思うでしょうか？

このような場合は、しっかりとしたホテルなどの会場を貸し切り開催したほうがメンバーの満足度も上がるのではないでしょうか？

いい例ですが、「真誓会」では全国50か所以上で定例会と呼ばれる交流会を開催しています。その開催場所は、各地域でも有名な場所を選定して開催をしています。それは、ゲストで来られた方が「すごい会だな！」と思えるような場所で開催する、いわばコンテキストをしっかりと定めた結果と言えます。

例えば銀座で開催するエリアでは、かの有名な「帝国ホテル」で開催しています。「こんな有名なホテルで開催している会ならさぞ素晴らしい人がたくさんいるんだろう」と思ってもらいやすくなります。たかが場所かもしれませんが、されど場所です。こんなちょっとした気遣いも大事なんです。

【②ターゲットとなるメンバーを決める】

コミュニティーに大事なのは参加するメンバーです。どのような人をターゲットにし、どのような価値を提供するかを考えることも大事なポイントの1つです。

メンバー候補の特定はコミュニティーづくりにとって必要不可欠です。年代、性別、ビジネス規模など様々な要素からメンバー候補を決めていきます。

ここでも真誓会を例にだしますが、真誓会は参加できる人を「決裁権者」に限定しています。コミュニティーによってはサラリーマンも参加できるところもありますが、真誓会はそもそも「即断即決の会」というコンセプトのもとすぐにその場でビジネスになる会ということを標榜しているため、決裁権者にしぼってメンバー選定をしています。

この要素は決して差別的な意味合いで決めるのではなく、当初ご自身が決めた目的に沿って決めていくことが大切です。

【③開催場所、日時、予算を決める】

コミュニティーを運営するプラットフォームを選びます。SNS（ソーシャルネットワーキングサービス）やフォーラム、ブログ、ミーティングツールなど、目的に合ったツールを選びましょう。

対面での運営の場合は、場所、開催日時、予算など考えることがたくさんあります。私も、自分コミュニティーの参加メンバーを見ながら場所はどこが便利なのか？　平日の夜がいいのか？　土曜日の夜のほうが動きやすいのか？　など参加メンバーの意見も伺いつつ決めていきます。

また、参加費も重要で、例えば対象が創業したての士業さんにしているのに、銀座や六本木のような高級なレストランで会費10，000円超のような会だと参加することを躊躇する方も増えます（創業したてで単発での会費で10，000円を超えるような会はハードルが上がりがちです）。

【④提供するコンテンツを考える】

どんな自分コミュニティーにするのかでここは変える必要がありますが、例えば、コミュニティー内でビジネスだけでなく、学習などを提供していきたいと考える場合は、メンバーに価値を提供するコンテンツを計画することも大事です。

学びを深められるような記事、動画、ウェビナー、ディスカッショントピックなど、興味を引くコンテンツを提供します。

例えば、BNIでは入会すると様々なトレーニングコンテンツが提供されます。入会したメンバーがまずは実施するのは、ウェブやアプリで提供されるＢＮＩビジネスビルダーと呼ばれる中の「メンバーサクセスプログラム」というものです。これは、ＢＮＩを余すことなく活用できるように新メンバーが無理なく活動ができるようにするための学習コンテンツです。

その他にも、入会直後にパスポートプログラムという、先に加入しているメンバーからＢＮＩは何たるか？　といった基礎の基礎を学ぶような機会もつくってもらえます。

ＢＮＩは徹底的に加入しているメンバーに有益なコンテンツを提供しています。しかも定期的にオンラインやリアル開催で、ＢＮＩトレーニングと呼ばれるコンテンツもライブで提供しており、1回の開催に１００名近くのメンバーが集まることもあります。それだけもメンバーと接触できる機会でもあるため、トレーニング受講者同士でビジネスに発展するなんてこともあったりして、様々なところでビジネスが交し合えるような仕組みを構築しているのもＢＮＩの特徴です。

また、真誓会では、誓コンテンツと称したメンバーが活用できるコンテンツを豊富に用意しています。例えば、メタバース上で開催される1講座1，０００円から受講できるセミナーなどを毎月開催し、講師はメンバーが務めることで、相互扶助の精神にのっとって低額で役立つコンテンツ提供をしています。

さらには、「誓Ｋｉｄｓ」というコンテンツでは、小さなお子さんをお持ちの経営者が安心して毎月の定例会に参加できるように、定例会開催地近くの託児所などと提携し、定例会中お子さんを預けられるサービスなども用意しています。

最近では、「誓建設組合」というコンテンツも登場し、真誓会に参加している建設関係のメンバーがその組合に参加することで建設業界を盛り上げていこうという取り組みも始まっています。

【⑤価格設定】

自分コミュニティーをつくる目的がビジネスである場合、加入してもらうメンバーから受け取る会費というのも考えなければいけません。

月会費なのか？　年会費なのか？　入会金などの初期費用を設定するのかなど初めの価格設定は大事です。

また価格はメンバーの質にも影響してきます。

例えば、創業したてのメンバーを集めたいと考えるコミュニティーで年会費が100万円もするようなコミュニティーにしてもなかなかメンバーは集まりにくいでしょう。

逆にビジネス経験がかなりあり中堅企業のような経営者を集めたいコミュニティーなのに年会費が1000円の場合、加入しても得られるものがないなと思われてしまい、加入が遠のいてしまう恐れもあります。

もちろん価格だけで決められるものではないですが、価格もコミュニティーの質を決める一要素であるということは肝に銘じながら慎重に設定すべきです。

私が現在つくっている士業コミュニティーは「交流からお互いのビジネスが回るようにする」と

いう目的を持っているのと、私が信頼する好きな人同士という現在は限られた範囲でのメンバーを集めているため、無料で交流の場所を提供しています。

ただし、今後は交流要素だけでなく、その他のコンテンツ提供も視野に入れているため、有料化も視野に入れています。つまり、立ち上げ当初は無料で多くのメンバーを集め、安定的な運営ができ始めてから新たなコンテンツを提供するなどして有料化を目指すというのも手かと思います。まずは自分コミュニティーをつくるというハードルを下げて立ち上げた実績をつくっていくのもいい流れです。

最後に、価格の目安ですが、入りやすすぎず少し入ることを躊躇する人も出てきそうな月会費で言えば、１万円前後の設定でもいいかなと思います。初期メンバーを増やしたい、特にメンバーの質を気にしないような場合なら、月会費数百円～数千円でもいいのでないかなと思います。ただし、会費を永年ゼロにするのは、かなりメンバーの質の低下を招きかねないので、おすすめはしません。

【⑥参加者の募集】

コミュニティーに参加してもらうために、ＳＮＳでの宣伝、友人や関係者への声かけなど、積極的な参加者募集を行いましょう。

ここでポイントは、ＳＮＳなどかなりターゲットを広げた形で集客する場合は、かなり多くの属性にアクセスすることになるため、価格設定の時同様、集まるメンバーの質にも影響があることもあり得ます。

参加者募集を紹介制など限定的な形で募集する場合は、アクセスできるメンバー候補は狭まりますが、より質の高いメンバー候補に出会えることもあり得ます。ＢＮＩや真誓会などは、基本的にメンバーの紹介制にしています。信頼するメンバーからの紹介ということで、安心感を担保しています。

【⑦コミュニティーのルール設定】

コミュニティー内でのルールや行動規範を設定し、メンバー同士が尊重し合える環境を整えましょう。対話を活発化させるためのガイドラインも含めます。

ＢＮＩや真誓会などのコミュニティーにおいてもかなり細かいルールを規定しています。例えば、ＢＮＩでは、規定が存在し、毎週リファーラル、ビジター、推薦の言葉をチャプターに持ち込むことをしなければならないといった規定を設けることで、コミット力を強化しています。

「スタート時の少人数だからなあなあでいいや！」というちょっとした気のゆるみが、ゆくゆくコミュニティー存続の鍵を握ると言っても過言ではありません。

ただし、最初からガチガチなルールを決めてしまうと、入会をしり込みしてしまう人も出やすくなりますので、最初は、基本となる2～3つのルール位を定めるだけでもいいです。実際私が立ち上げている士業コミュニティーは仕事をコミュニティー内で回す際のルールとして、①先にメッセンジャーで反応いただいた先生が優先(同じ士業さんがいるため)、②協業で対応することも可能（協業する同士が相談ください）を決めています。

まずは、立ち上げることが自分コミュニティーづくりには大事ですので、ルールは適宜変更するなど柔軟に対応することも成功するポイントです。

【⑧定期的な活動の実施】

自分コミュニティーをつくったなら定期的に活動をすることが大事です。1年に1回の開催などかなり活発に活動回数が少ない場合は、メンバー同士の接触頻度も少なく、お互いの信頼関係構築を進めることが困難です。目安としては最低1か月に1回以上会うための機会を設けるべきです。

私の士業コミュニティーは現在2か月程度で1回程度の交流会を開催しています。できれば毎月1回などの頻度で開催できてくると、より所属するメンバー同士の接触頻度も高まりますので、最低でも1か月1回程度の開催を目指しましょう。

ただし、あまりにも回数が多すぎるのも問題です。会の活動がメインなのか?ビジネス拡大がメインなのか？　わからなくなってしまいます。多くても1週間に1回程度の開催頻度がいいです。

【⑨フィードバックの収集】

参加しているメンバーが自分のつくったコミュニティーに参加してどう思っているのかをメン

バーから聞くことは長くコミュニティーを存続させるために大事なことです。自分がいいと思っていた取り組みがメンバーにとってはよくないということもあります。

定期的にフィードバックなどを収集し、コミュニティーの改善を行います。定期的とは半年程度もしくは1年程度を目安に見直しを図るためにメンバーのフィードバックを受ける機会を設けましょう。

2 コミュニティーをつくる目的

コミュニティーをつくる目的は、人々が集まって共通の興味であったり、価値観や目標を一緒に共有し、協力し合う中で情報や経験を交換する場を提供することにはなります。

ただし、もっと大事なのは自分コミュニティーをつくる先生自身、つまり主催者が利益を得ることができるかというのもとてもとても大事です。

そんなビジネスコミュニティーをつくる目的についてより詳しく説明していきます。

【①知識と情報の共有ができる】

ビジネスコミュニティーは、業界や特定の分野に関心を持つ人々が集まる場であり、知識や情報をお互いに共有しあうことが可能です。なかなか自分自身が身を置く業界内での付き合いだけですと、どうしても知識や情報が偏りがちです。新しいトレンド、最新の業界ニュースなどについて共有することで、結果として参加しているメンバー同士で学び合うことができます。士業のコミュニティーであれば専門分野の法改正などを共有してあげるなどのコンテンツはよくあります。

最近知り合いの公認会計士さんから紹介を受け参加している埼玉県県北エリア中心の士業交流会では、ミニセミナーと題して、参加している士業さんが自分の専門分野の話題を提供してくれています。

【②ネットワーキングと関係構築（継続的に参加できる場所づくり）】

ビジネスコミュニティーは、同じ業界や分野で活動する人々が交流する場でもあります。新しいビジネスのチャンスや提携の機会を見つけるために有益なネットワーキングが可能です。はじめは自分自身が何者であるか？　ということを認知してもらうことに時間を割く必要があり、そこはかなりの時間を要することもあります。

コミュニティーに加入すると、どうしてもすぐに売上に繋げられないと困るといって焦る人がいます。コミュニティーマーケティングは焦っても意味がありません。焦ることにより、仕事クレクレ人間に見られてしまい、信頼がた落ちなんてことになったら目も当てられません。まずは、コミュニティーは参加を継続できる場所づくりと言えます。これは何よりも重要なことです。

長く時間をかけることによりしっかりとコミュニティー内で認知をされてくるとそこから信頼関

係が生み出され始め、結果として自分のビジネスに結果が跳ね返ってきたり、自分のビジネスにおける課題や悩みなどを解決できるようなアドバイスを受けることもできます。

【③学習と成長】

ビジネスコミュニティーでは、参加者同士が自分の経験や知識を共有し合うことによって、共同学習が促進されます。自分が経験してきた成功事例や失敗談はメンバーの誰かの糧にもなります。

倫理法人会では、毎週モーニングセミナーというものが全国各地で開催されています。そこでは、朝の講和という名目で、講和者が30分程度の講和を行います。その講和内容は、その講和者が経験してきた倫理体験を赤裸々に話す内容になっています。人によっては経営が傾いたが、倫理の実践で持ち直した内容であったり、夫婦関係の亀裂を倫理の実践で解決に向かうことができた内容だったり、こんな自己開示してもらえないだろうというくらい濃い経験談を話してもらえます。成功事例失敗事例を共有するというういい例です。

共有した内容があるメンバーの力になり、そこから結果に結びつくという事例は倫理法人会の中では多数あり、これは学習と成長であると言えます。

【④アイデアの発展とジョイントベンチャー】

ビジネスコミュニティーでは、まったく異なる経歴を持ったメンバーや自分にはない専門知識を持つメンバーが集まるため、新しいアイデアやプロジェクトの発展の場として活用することも十分可能です。

しかも、信頼関係をしっかりと構築したメンバー同士であれば、一緒にビジネスをしよう！といった流れにもなりやすくかたい絆を結ぶような長い付き合いができるようになることもあります。そうすることで、より創造的な解決策や成果を生み出すことができます。

【⑤ブランド構築と信頼性の向上】

ビジネスコミュニティーへの参加やコミュニティーの運営は、時として所属する人のブランディングになったり、それに伴う信頼性の向上にもつながることがあります。例えばＢＮＩでは同じＢＮＩメンバー同士で別の交流会などで会ったりすると、「あなたもＢＮＩなんですか！」「私もＢＮＩなんです！」といった会話を聞くことがあります。

ＢＮＩがリファーラルマーケティングの父であるアイヴァン・マイズナー博士であり、体系的なリファーラルマーケティングを学べる場所がないなどの理由からＢＮＩブランドが強化され、自分自身が所属していることで、ＢＮＩブランドを活用することができます。

【⑥顧客獲得】

ビジネスコミュニティーは、言わずもがな自身や自社のサービスや製品を宣伝する場所です。お話の通りコミュニティーマーケティングは時間がかかりますから、コミュニティーに参加したからと言って初めからすぐにビジネスにつながることは少ないかもしれないですが、コミュニティー内での積極的で前向きな活動や態度、貢献を通じて、お客様を獲得する機会を増やすことができるのがコミュニティーのいいところです。

私も過去いくつものコミュニティーに参加して、ビジネスを拡大しました。現在もホームページ集客はほぼせずに紹介だけで仕事を回しています。これはとにもかくにもコミュニティーマーケティングのおかげです。

ビジネスコミュニティーでは普段出くわすことができない知識や出会いがある

ここまでビジネスコミュニティーをつくる目的について詳しくお話をしてきました。何度も言うようにビジネスコミュニティーは加入してすぐに自分のビジネスにつながらない可能性も大いにあります。

ですが、普段のビジネスの中では出くわすことができないような知識や、信頼関係を築いた先にいるかけがえのない人との出会い、定期的なネットワーキングを通じた、ビジネスのきっかけづくりなど多岐にわたる目的を果たす重要かつ大切な場所です。

コミュニティーに加入することが目的になってしまわないようにすることがとても大事ですが、しっかりと正しい目的意識をもってコミュニティーを作ればきっと先生のビジネスの発展に寄与してくれる存在になるはずです。

3　コミュニティーづくりに向く人、向かない人

コミュニティーづくりに向く人と向かない人は残酷ですが存在します。

では向かない人と思った先生がいた場合は、つくるのはやめるべきなのか？

答えはＮＯです。私はやめるべきでないと思います。向かない人の特徴を踏まえてそれを軌道修正できるのであれば十分自分コミュニティーをつくることは可能です。いままで自分コミュニティーをつくることは面倒だ、難しいとか言っていますが、まずはつくってしまえ！　といった強い意気込みさえあれば立ち上げてからでもなんとかなります。

●コミュニティーづくりに向く人の特徴その①／人を巻き込む力のある人

真っ先に向く人と言えば、人を巻き込む力のある人です。メンバーとしてそんな人が関わってくれれば、まずは人を集めるという悩みからは解放されます。私が所属しているＢＮＩや真誓会などにも毎回人を紹介するような人が１人や２人存在しています。

例えば、私が真誓会に所属したての時に経験したことですが、毎月１回の定例会の際に、１人のメンバーが30人以上のゲストをお連れしていたことがありました。その時は参加者１００名程度で

したので、3分の1近くの参加者を集めたということになります。すごいなーと感心したことを今でも覚えています。

ただ、人を巻き込む力が強い人は、傾向として時たま質がいまいちな人を呼び込むこともあります（呼んでくれる人数が多いので仕方ない部分でもありますが……笑）。

メンバーを増やそうという段階のコミュニティーであれば、人をたくさん巻き込んでくれるのは有効ですが、コミュニティーが成熟してきたなどの段階では、メンバーの質なども考える時期ですので、その段階ではきちんと所属してほしいメンバーの属性などをコミュニティールールで定めるなどしてけん制する対策も必要になってきます。

●コミュニティーづくりに向く人の特徴その②／仕切るのが得意な人

仕切りが得意な人は、コミュニティー運営にとって欠かせません。コミュニティー内で例えば定例会を行う際には、やはり準備が重要になってきます。会場選定、費用設定、会場設営、事後処理などなどやることがたくさんです。

1人でこなすことは現実的に難しいですから、ぜひ仕切りが得意な人に入ってもらいましょう。

私が参加しているコミュニティーでも仕切りがうまい人は必ず存在しています。仕切りが得意な人はコミュニティーに所属するのも好きな傾向があります。

先生の人脈の中に「毎回仕切るのがうまいな！」と感じる人はいませんか？　そんな人がいれば

真っ先に自分コミュニティーのメンバー候補として声掛けしてください。

ただし、この手の特徴の人は時に暴走することがあります。ですので、仕切るのが得意な人を抑制するような人が必要になります。それが次の「どっしりと構える人」です。

●コミュニティーづくりに向く人の特徴その③／どっしりと構える人

歴史をさかのぼってみると、戦の中心人物である大名はどっしりと構えている印象があります。コミュニティーも同じで、しっかりと指揮だけに徹し、ここぞというときに動くようなどっしりと構えた人が必要です。

どっしりと構えられる人は、全体を俯かんして見る能力が高いです。できれば自分コミュニティーを立ち上げた先生自身がここを担えるといいですが、自分は向かないという場合もあることでしょう。その場合は、先生の人脈の中に「毎回、寡黙だがここぞというときに意見を言ってくれる人」がいないか見てみてください。そんな人がいる場合は、このどっしりと構える人の可能性があります。会の成功には、この特徴を備えた人はマストで参加してもらえる方がいいです。

●コミュニティーづくりに向く人の特徴その④／指示通りに動いて、細かい行動ができる人

この特徴を備えた人もコミュニティーには必要です。先ほどの人を巻き込むのが得意な人や仕切りがうまい人、どっしりと構える人に言えることなんですが、細かい作業が苦手な傾向があります。

会を最終的につくり上げるためには、指示通りに動いてくれ、細かい作業も文句を言わないでしてくれる存在はかなり重要です。

この特徴を備えた人は、1つひとつの作業をじっくりとこなす傾向にあるため、おっとりした性格を備えている印象です。先生の人脈の中におっとりとしていて、パソコンに向かって作業を長時間していても苦ではないと言っているような人はいませんか？　そんな方はこの特徴である可能性が高いです。ぜひ自分コミュニティーのメンバー候補としてリストアップしてください。

またこの特徴の人は日本人では比較的多いので、できる限りコミュニティーを円滑に進めるためには、多人数メンバーになってもらうことをおすすめします。

●コミュニティーづくりに向かない人の特徴その①／過度に宣伝やセールスを行う人（テイカー気質）

コミュニティーは、相互の学びや情報交換を目指す場です。過度に自社や商品の宣伝、セールスを行う人つまりテイカー気質の人は、周りのメンバーに迷惑をかけることが極めて高いです。ビジターでご招待した際などに、参加している雰囲気などを注意深く確認しながら加入してもらうかどうかを決めましょう。

特に気を付けたいのが、「ネットワークビジネス」をしている方です。ネットワークビジネスを否定するつもりはありませんが、私が参加しているコミュニティーでは頻繁にネットワークビジネスをすすめられて嫌な思いをしたといった苦情を聞くことがあります。

厄介なのは、本業があり副業でネットワークビジネスをしている人です。本業の話をしていたら急にネットワークビジネスをすすめられたといった苦情も意外とあります。

コミュニティーによっては、最初からネットワークビジネスをしている人を参加資格から外しているケースもあるくらい、トラブルの芽になりやすい傾向にあります。なかなか、ネットワークビジネスをしている人かどうかが判別できないこともありますから、自分コミュニティーをつくる際には、しっかりとコミュニティールールなどで明記して参加をけん制するのも手です。

再度言いますが、決してネットワークビジネスを悪く言うつもりはなく、コミュニティーづくりをするにあたっての様々なコミュニティーに参加した私が経験した事例として多かったので挙げさせていただきました。

●コミュニティーづくりに向かない人の特徴その②／不適切な行動をする人

男女関係の問題しかり、ハラスメント、差別、攻撃的な行動をする人は、コミュニティーの雰囲気を悪化させる可能性があります。時たまコミュニティーの参加目的が男女の出会いの人はいます。もちろんビジネスでの付き合いの結果メンバー同士が付き合う、結婚するということはどのコミュニティーでもあります。

いいコミュニティーの定義に入るＢＮＩなどでも、「あのメンバー同士は不倫している」といった声を聞くこともあるくらい、男女関係というのは多くの人が集まる場所ではついて回るものです。

事前に防止するというのは難しいかもしれませんが、自分コミュニティーをつくる際にはしっかりと苦情を受け付ける体制（真誓会では諮問委員会などを設けています）を設けるなどしっかりとコミュニティー内のすみずみを見ているよというアピールにはなり、少なからず抑止力にもなるはずです。

●コミュニティーづくりに向かない人の特徴その③／コミュニティールールを無視する人

コミュニティー内で設定されたルールやガイドラインを無視する人は、コミュニティーの運営やメンバー間の信頼を損なう可能性があります。ルールを守れない人はコミュニティーを衰退させる要因になりかねません。

せっかく自分コミュニティーを伸ばしていこうと考えているのにその足かせになる人です。いいコミュニティーの代表格でもあるＢＮＩでもルールを無視する人は存在してしまいます。

ＢＮＩは長年のリファーラルマーケティングの研究から毎回のメンバーミーティングはどのチャプターであってもコンテンツが一緒になっています。一緒にすることでどのチャプターも同じ効果が得られるようにという配慮がなされています。ですが、チャプターの中ではその共通項目を無視し、オリジナルに走るチャプターも出てくることもあります。

よく守破離とか言いますが、「守」ができていないのに「破」や「離」をしてしまうとうまくいかないというのは時の常です。オリジナルに走ったチャプターは傾向としてメンバー数の激減やチャプター解散などの憂き目にあっている傾向がＢＮＩの中にも統計データとして存在しています。

自分コミュニティーをつくるにあたっては、まずは守破離の「守」を大事にしてください。

4　コミュニティーのつくり方

自分コミュニティーをつくる一般的な手順

では実際に自分コミュニティーをつくる方法（一般的手順）についてお伝えしていきます。ここで挙げる手順はあくまでも一例ですので、つくり方の参考例として自分コミュニティーをつくるときにお役立てください。

●手順１　目標を設定する（なぜコミュニティーを立ち上げるのか？）

最初に、ビジネスコミュニティーをつくる目的や目標を明確にしましょう。コミュニティーが何を達成し、どのような価値を提供するかを定義します。

目標なくして、人を集めようとしても目標を定めず出港した船のように必ず難破してしまいます。

まずは、人を集める前に、ご自身がどんなビジネスコミュニティーをつくりたいか？これを徹底的に考えてください。

〈考えるポイント例〉

1．自分コミュニティーで何を成し遂げたいのか？

2．自分コミュニティーをどの程度の規模にしたいのか？

3．1年後自分コミュニティーはどんな感じになっていると成功と言えるか？

●手順2　声をかけるメンバー候補を挙げる

コミュニティーの対象となる人々を特定します。どのような業界、職種、興味を持つ人々をターゲットにするかを決定しましょう。

ここで大事なのは、ターゲットを広げすぎないことです。広げれば広げるほど、ターゲット層がぶれてきてしまい、結果としてうまくいきません。まずおすすめなのは、立ち上げるということを優先すべきなので、先生自身が信頼できて、好きな人を中心に声かけをし始めてください。

最初は数名でも構いません。そこから参加してくれた方の知り合いを紹介してもらうなどして拡大していけば問題ありません。

●手順3　コンテンツと価値提供

参加者にとって魅力的なコンテンツや価値を提供する戦略を開発しましょう。コンテンツは、最初はなんでも構いません。まずは、先生自身が得意なことでもいいです。仕事でのネットでは出てこない特に先生自身の経験談（成功事例、失敗事例）などでも立派なコンテンツになります。

自分が経験してきたことが別の人の参考になることなんていくらでもあります。メンバーが増えてきたのであれば、所属メンバーの経験談（成功事例、失敗事例）なども共有してもらえるように働きかけましょう。

●手順4　ルールの設定

「ルールなくしていいコミュニティーの存続なし」そういっても過言ではありません。

コミュニティーの運営ルールを策定し、参加者に従うように促します。

ルールはコミュニティーの秩序を保ち、円滑な運営を支えます。ただし、スタート当初からがちがちのルールでは、所属しようと考えているメンバーをしり込みさせてしまいかねません。

最初は2〜3個程度のここだけは守ってほしいという最重要項目だけに絞ってルールを定めるようにしましょう。

●手順5　プロモーションと拡大

コミュニティーを宣伝し、新たなメンバーを招待しましょう。ソーシャルメディア、メールマーケティング、口コミ、広告などを活用して宣伝を行うことも方法としてありますが、まずは、先生自身の人脈の中から候補者をリストアップして、順番に声掛けをしてみましょう。

私はいろいろなコミュニティーに参加していますが、割と人脈の中からコミュニティーに招待する声掛けは得意です。私の場合は、かなりラフな感じで誘うことが多く、「今度こんな会に入ったんだけど、入ってすぐに売上につながる紹介がでたんだよね。○月○日○時から○○ホテルで開催されるんですけど、一緒にどうですか？」みたいな感じで、かなりゆるーくお誘いしたりしています。

その際に断られることもあるでしょう。ですが、気にしないでください。断られるのは想定内です。気持ちを切り替えて、次の候補者に連絡しましょう（断られるくらいの関係性だったと思うようにしています（笑））。

●手順6　参加者の参加意欲をそがない仕組みづくり

せっかく入会してくれたメンバーであれば、長く続けてもらいたいものです。長く続けてもらえるようにするためには、参加者がまた参加したい！　と思ってもらえるような機会をいくつもつくっていく必要があります。方法は様々で例えば遊びの会（例：ゴルフやテニスといった趣味の集まり）などを設けたりするのも1つの方法です。

例えばBNIでは、ナショナルカンファレンスといった日本のBNIメンバーが一堂に会するイベントを毎年開催し、普段は出会うことのないメンバーとも出会えるような機会を設けたりしています。

また、真誓会では、全国表彰式という式典を毎年12月に企画し、各エリアのメンバーの頑張りに対して承認する場所を提供しています。特別なイベントごとで多くのメンバーの前で称賛を受ける仕組みなどは、これからもこのコミュニティーで頑張ろうと思えるきっかけにもなります。

●手順7　フィードバックと改善

参加者からのフィードバックを受け入れ、コミュニティーを改善するプロセスを確立しましょう。コミュニティーが成長し続けるために、フィードバックは貴重な情報源です。

ＢＮＩでも真誓会であっても私が参加しているコミュニティーには参加者からの意見などを吸い上げる役割が存在しています。ＢＮＩであればメンバーシップ委員会、真誓会であれば諮問委員会などが設けられています。

多くのメンバーが集うコミュニティーだからこそ、トラブルや課題はつきものです。自分コミュニティーを成功させるためにはきちんとした入会後の安心して参加できる仕組みづくりが大事なってきます。

１つのビジネスコミュニティーを立ち上げるだけでもこれだけの手順を踏まなければいけません。

もちろん、楽しむだけのコミュニティーであればこのような手順を踏む必要はないかもしれません。

しかし、ビジネスを伸ばすためのコミュニティーは楽しむだけの場所ではありません。加入してくれるメンバーの利益や満足度を高めることにほかなりません。

ビジネスコミュニティーを成功させるためには、コミュニティーの価値提供と参加者のエンゲージメントを重視し、持続的な成長を支える戦略を展開することが大切です。

5　コミュニティーをつくる際に気を付けるべきポイント

成功に導くために必要な選択ポイント

いよいよビジネスコミュニティーを立ち上げるぞ！　と思い立ったときに、やっぱり気になるのが「成功するのか？」ということです。

正直なところ、成功するのかどうか？ということよりも、まずはえいやーで自分コミュニティーを立ち上げてしまうという行動力のほうが重要ではあります。

ですが、「そんなこと言われても、成功するかどうか？　心配だよ！」という声も出てきそうなので、ここではビジネスコミュニティーを成功に導くために必要なポイントを紹介します。

このポイントを最低限おさえることが成功への近道となります。

【成功に導くために必要なポイント①　明確な目的を持っているか？】

とにもかくにも成功のためにはそのコミュニティーの基礎固めです。基礎固めというのはココでは目的やビジョンです。「でっかいこと言うな！」って思われたかもしれませんが、めっちゃ大事なんです。

どんな目的でこのコミュニティーを立ち上げるのか？　どんなビジョンを持ってこのコミュニティーを運営していくのか？　などを明確にすることで、参加するメンバーにとって意義のある場を提供することが可能になります。これは絶対にはずしてはいけないポイントになります。

ＢＮＩなどの有名コミュニティーには必ずと言っていいほど目的やビジョンなどがあります。ＢＮＩは「ＧＩＶＥＲＳ　ＧＡＩＮ®＝与える者はあたえられる」、真誓会では「相互扶助」といった一言でメンバーが理解できるようなコミュニティーの根底にある大事なもの、ここでは目的やビジョンと定めますが、それを定めています。

だからこそ、ＢＮＩでは現在では日本だけで1万人以上のメンバー、真誓会では発足から2年半程度で４０００名近くのメンバーがコミュニティーの目的やビジョンに賛同して入会をしてくれているわけです。

ただし、最初はここまで壮大な目的でなくても構いませんというか、壮大な目的をつくらないでください。「どっちやねん！」と突っ込まれそうですが、まずはさんざん言っていますが、「自分コミュニティーを立ち上げてしまう」これが何よりも大事です。

ですから、目的も「自分が好きな人を集める！」とかこんな目的でも構わないということです。コミュニティーづくりをし始めていく中で、よりこんなコミュニティーにしたい、こんな環境づくりをしたいといった希望や欲望が出てくるはずです。何度も言いますが、まずは「立ち上げてしまう！」これは忘れないでください。

【成功に導くために必要なポイント②／メンバーはどんな属性か？】

先生のつくるコミュニティーにはどんなメンバーがいたらいいですか？

次に大事なのはコミュニティーが対象とするメンバーの属性です。その人々の業界、職種、興味、ニーズを理解したうえで、コミュニティーが用意するコンテンツやアクティビティをつくっていくことが成功の秘訣となります。

まずは、自分と関係性のある人をピックアップして、信頼できる順にリストをつくってみてください。そこから、どんな職業の人なのか？　メンバーとして加入してくれたら一緒にビジネスができる可能性があるか？　などを検討してみてください。

【成功に導くために必要なポイント③／メンバーを大事にできる環境か？】

折角コミュニティーに加入したならば、誰しも思うこと。それは歓迎や尊重です。人は認められたり、存在を認めてもらえることは何よりもうれしいことです。コミュニティーはそんな場所に育て上げていくことが大事になります。

人が大勢になるとどうしても相手に対してマイナスな思いを抱くメンバーも現れます。そんなときにしっかりと、メンバーを歓迎し、尊重する雰囲気を出し続けて行けばきっと同じ方向で考えてくれるメンバーが増えていきます。

ＢＮＩはコアバリューというものがあって、その中に「承認」というものがあります。人は、認められたりするのは好きです。ＢＮＩではそのちょっとしたことをコアバリューというコミュニティーの根底に置いています。承認されれば人は、もっと頑張ろうといった気持ちになるはずです。そんな環境づくりをしているからこそ、長く続いているコミュニティーになっているわけです。私も承認欲求が強い方なので、ＢＮＩなどの承認の文化が根づいているコミュニティーが好きなんです。

多様な意見とマイナスな意見は全く違います。１つの考えに固執するのではなく、様々な意見を受け入れる姿勢のあるコミュニティーは成功するコミュニティーの鏡となります。

【成功に導くために必要なポイント④／価値の提供と専門知識の共有】

コミュニティーを魅力的にするために、専門知識や価値ある情報を提供しましょう。このコミュニティーに入らないと得られない稀少性のある知識や情報はメンバーの脱退を防ぐ特効薬とも言えます。

これは1人ではできないことですから、メンバーの知見や経験、メンバーの後ろ側にいる人脈などをたどりながらネットなどには載っていないようなコンテンツを提供できれば、所属するメンバーのメリットも大きくなります。

実際の仕事の中で経験したことはかなり有益なコンテンツとして活用できます。まずは、自分の今までの経験を棚卸してみてください。仕事での成功事例、失敗事例など数多くの経験をコンテンツ化できませんか？ それだけでもかなり参加しているメンバーにとってはうれしい内容となるはずです。コンテンツはほんのちょっとした考え方でいくらでも生み出すことができます。

【成功に導くために必要なポイント⑤／メンバーの意見をどれだけ受け入れられるか？】

メンバーからの意見はとても大事です。意見を言ってくれるメンバーもその意見が吸い上げられるという環境だと感じれば、それだけでも価値ある場所だと思ってもらいやすくなります。またその意見を取り入れるかどうかは先生次第ではありますが、取り入れるかどうかを判断するポイントとしては、「意見を言っていない他のメンバーはどう感じるかな？」という観点で考えてみてください。

いろんな人に意識を向けないといけないので面倒だなと思った先生もいるかもしれませんが、これこそコミュニティーを長く継続させるためには大事な要素の1つなんです。

面倒なことにも逃げずに向き合うというのもコミュニティーをつくる者の責務です。

【成功に導くために必要なポイント⑥／協力してくれるメンバーがどれだけいるか？】

コミュニティーの運営体制を確立しましょう。コミュニティーを運営し続けるためには、１人では無理です。主体的に動いてもらえるようにコミュニティー内で役割を決めるなどして、役割と責任を明確に定義して、長く続く仕組みづくりをしていきましょう。

有名コミュニティーはそのすべてにおいて役割が明確化されています。代表や副代表、会計、事務局、定例会運営委員などなど役割をつくることにより、「自分はこのコミュニティーをつくっている１人だ！」という意識づけをしてもらうために非常に重要です。

これらのポイントを基に、ビジネスコミュニティーを計画的に立ち上げ、メンバーの成長やビジネスの発展をサポートする環境を構築しましょう。

6　自分コミュニティーをつくることで得られること

自分でコミュニティーをつくることは、多くの利点とメリットをもたらす可能性があります。

次に、自分でコミュニティーをつくることで得られる主な利点について詳しく説明します。

自分コミュニティーの利点①／主催者利益の獲得【主催者というブランディング】

なんといっても自分コミュニティーをつくることは、主催者利益を獲得できるということです。

どんなコミュニティーでも主催者は輝いて見えます。

輝いて見えるということは、その会にとってとても重要な存在であることを象徴するようです。

コミュニティーを立ち上げることにより、先生を特別な存在に引き上げてくれ、主催者ならば仕事をお願いしやすい、信頼できる人という太鼓判が押されるようなものです。

私も最近いくつかのコミュニティーを運営し始めているのですが、そうするとふとした時に仕事の相談などもされることがあり、そこから人脈が増えたり、ビジネスにつながることもあります。

もちろん、しっかりとお受けした仕事をこなしていくということは当然ですが、主催者利益を得られるというのは、簡単にビジネスのチャンスを獲得できるようなものでもあります。

自分コミュニティーの利点①／新たなつながりとネットワークの構築

コミュニティーは、同じ分野や業界に関心を持つ人々が集まる場です。コミュニティーを通じて新しいつながりを築き、専門家や同じ志を持つ仲間たちとネットワークを拡大する機会を得ることができます。

コミュニティーの主催者ということでかなりの人脈が獲得することが可能となります。主催する自分コミュニティー内の人は、所属メンバーが紹介した方も含め自分自身の人脈リストリストアップできます。そうなると、○○先生はいろんな職業の人を知っていて信頼できる!、○○先生にまずは聞けば何かしら解決してくれるという認識を持ってもらいやすくなります。

人脈が多ければ多いほど、様々なお客様からのニーズに答えられることにもなり、顧客満足度向上、依頼増の流れをつくることも可能です。

自分コミュニティーの利点③／ジョイントベンチャーだってしやすい

コミュニティーメンバー同士がアイデアを交換し合う場を提供することで、新たなプロジェクトや共同事業のアイデアが生まれる可能性があります。士業同士は特に専門分野が共通している先生同士でも資格が違えばできる範囲も違ってきます。他の業種よりも協業の可能性を見つけ出すのは容易です。

例えば、相続分野であれば、弁護士・司法書士・税理士・行政書士といった様々な士業が関わることができます。信頼するメンバー同士で顧客のニーズをワンストップで解決できる仕組みづくりも容易に可能となります。その他今までは考えもできなかった共同での取り組みなどから、新たな成果を生み出すことができます。

7　実録！　自分コミュニティーの例

自分コミュニティーをつくっている先駆者を通して、自分がつくりたい自分コミュニティーをイメージできるヒントをお伝えしていきます。

題して、「実録！　自分コミュニティー」です。

【実録！　自分コミュニティーその①／01（ゼロワン）行政書士コミュニティー（トップ10%クラブ）】

「概要」

外国人ビザ申請専門行政書士法人で大手のさむらい行政書士法人の代表行政書士である、小島健太郎がコロナ前の2018年に立ち上げ。

当初のコンセプトは、1000万円をまずは稼げる行政書士になるというもので、小島先生が得意とするWEBマーケティングを中心に、年商数百万スタートだった自分の行政書士事務所を億越えの事務所までにした実際の成功事例を惜しみなくコンテンツとして提供。

実際にこのコミュニティーに参加していた、著者である湯田、千葉、吉野も初年度から売上をつくり出し、行政書士＝食えないという図式を打破しているコミュニティーとなっている。

成功のポイント／実際に事務所拡大をすることに成功したノウハウが満載

通常は事務所経営にとってマーケティング戦略は秘匿性の高いものです。しかしながらこのコミュニティーは月額2万円弱で毎月主催者である小島健太郎が実際にセミナー登壇し、受講生に近い形でリアリティのある講義を展開していました。

成功のポイント／行動要請がシンプルで実践しやすい

この手のコミュニティーは専門用語をまくしたてて、挫折を呼び込むようなコミュニティーもありますが、トップ10％クラブで提供しているコンテンツは誰でもできる簡単でわかりやすいものばかりです。

ホームページに掲載する動画を撮るための手法や、ホームページの記事づくりの方法、リスティング広告の設定方法の詳細まで、ありとあらゆるＷＥＢマーケティングを中心としたマーケティングコンテンツがわかりやすく提供されており、受講生の中には1年以内に新規受注までこぎつけた人まで登場するなど、わかりやすさはぴか一です。

成功のポイント／０１（ゼロワン）行政書士コミュニティーへの移行は、より創業したての行政書士に寄り添った構成

２０２３年よりトップ10％クラブは心機一転「０１（ゼロワン）行政書士コミュニティー」として生まれ変わりました。

小島先生のコンテンツ自体は陳腐化することなく使えるものばかりですが、創業したての行政書士は、そのコンテンツを手に入れても実践までいかずに挫折してしまう人もいました。そこでより行動に移すまでのモチベーションを上げ、１人の参加者も置き去りにすることなく一緒に行政書士として成功していこうというテーマにしようという思いから、大幅リニューアルしました。

本書の著者が、経営・マーケティング等のセミナーや質問会を企画し、参加者同士での情報交換会なども盛り込むことでより参加型のコミュニティーになりました。また、２０２４年はブラッシュアップを重ね、リニューアルをしていく方向で進めています。より行政書士が経営やマーケティングにコミットして取り組むことができ、取り組んだ結果成果が出やすくするための仕組みを構築しようと動き出しています。
参加するメンバーのためにコミュニティーのコンテンツを洗練させていく、このような取り組みは自分コミュニティーをつくる際の参考になるはずです。

【実録！ 自分コミュニティーその②／全国行政書士法人会】

「概要」

行政書士法人会は、行政書士法人の健全な事業運営を通じて、行政書士制度及び業界の成長や発展を目指すためのコミュニティーです。

行政書士法人会の目的は次の通りです。

（1）セミナー、研修会、親睦会等のイベントの開催
（2）日本行政書士連合会及び他士業団体との連携、省庁等への政策提言
（3）行政書士業界の雇用の受け皿を整備する事業
（4）業務処理の手法の研究及び共有
（5）その他当会の目的を達成するために必要な事業
（6）前各号に掲げる事業に附帯又は関連する事業

「成功のポイント」

・志ある、行政書士会をけん引するトップランナーが集う超優良級コンテンツ満載

２０２３年現在、全国行政書士法人会の会員数は約60法人です。参加する行政書士法人は現在の行政書士業界をけん引する凄腕の先生が多数集っています。

しかも、そのような先生方とリアルで交流できる機会や事務所経営やマーケティングの事例を惜しげもなく教えてくれる超優良級のコンテンツが満載のコミュニティーといえます。

・交流会なども実施され、公私ともに付き合える仲間が増える

勉強ばかりしている交流会だと、どうしても堅苦しい雰囲気になりがちです。法人会では、いい意味で公私のメリハリをもって仕事しようと考えているメンバーがたくさんいます。

定期的な法人会メンバーだけの飲み会だけでなく、法人化していない行政書士も交えた行政書士交流会なども開催しており、行政書士同士でいい刺激をもらえるメンバーとのつながりもつくることが可能です。

【実録！　自分コミュニティーその③／公的資金調達行政書士養成講座】

「概要」

２０２２年から著者である吉野智成が講師として始めた、公的資金調達（補助金・創業融資）の実務を学ぶために開講した講座です。実務講座ではあるが、参加者同士での交流の要素も含めており、その点ではコミュニティーの一種と言えます。

学ぶ環境とコミュニティーの要素を掛け合わせるというのも自分コミュニティーづくりには効果

的です。

「成功のポイント」

２０２３年には第2回の講座開催と、毎回20名弱の公的資金調達業務を仕事にしたいという学びに積極的な行政書士の先生をはじめとする士業が参加してくれています。

受講した先生同士は同じ業務を学ぶライバルでもあり、同志のような関係にもなることができ、懇親会なども開催するのでより深い情報などを講師と受講生同士で共有することもでき、コミュニティーとしての活用もできる場になっています。

【実録！　自分コミュニティーその④／埼玉県北士業交流会】

「概要」

２０２３年に私の知り合いの埼玉に住む公認会計士に紹介をしてもらい参加しているコミュニティーになります。埼玉県の県北エリアに士業事務所を構える公認会計士、社会保険労務士、司法書士が発起人となり立ち上げたこのコミュニティーは2か月に1回程度ミニセミナーと懇親会を掛け合わせた交流会を開催しています。

「成功のポイント」

参加するメンバーが毎回1名以上の新規メンバーをご招待することをコミットしており、毎回新規のメンバーと交流ができる仕組みができている。

第5章　事例で学ぶ、コミュニティー活用術

（担当　吉野　智成・湯田　一輝）

1　SNSでつくる顧客コミュニティー

潜在・見込顧客の選定

今日では、Facebook、X、Instagram、LINEなど多種多様なSNSが存在し、これらのSNSは、ビジネス上重要な集客ツールとなっています。適切なSNSマーケティングを行うことで、士業事務所はターゲットオーディエンスに直接メッセージを届け、コミュニティーを構築し、新たな顧客を獲得することができます。

士業がSNSを利用し、顧客コミュニティーを構築し、継続的な集客を図るためには、まず集客したい対象オーディエンスを明確化することが求められます（専門の商品にもよりますが、より多くの潜在、見込顧客に認知してもらい、継続的な集客化を図るという観点であれば、士業ビジネスにおいては、「BtoC」向けの商品がSNSには適しています）。

その上で、各SNSの特徴、ユーザー層を見極め、事務所の専門商品と相性のいいSNSを選択し、潜在・見込顧客が集まるSNSを選定します。

例えば、当事務所は入管業務を専門としていますが、国籍毎に使用する主流のSNSは異なるため、集客したい国籍に応じたSNSの使いわけが求められます。中長期在留者数が1位の中国人ユーザーはRED、TiKTok、WeChatを主に使用しますし、中長期在留者数が2位のベトナム人ユーザーは、主にＦａｃｅｂｏｏｋを使用します。

そして当事務所では、富裕層も多く、最も在留者数の多い中国人ユーザー向けのＳＮＳには力を入れており、中国版ＩｎｓｔａｇｒａｍのＲＥＤには、ビザの条件やポイントなどの記事や動画を週4コンテンツ以上投稿し、スタートから1年で年間６００万円ほどの収益化を図ることに成功しています。

フォロワー数が伸びるに連れ、同じような問題を抱えているユーザー同士が、自然と当社の記事や動画を紹介し、また実際に利用したユーザーが、感想や解決方法を発信してくれます。単なる共通の関心を持つ人々の場所にとどまらず、ユーザー同士がコメント欄等を使用し、互いの悩みを解決し、繋がるコミュニティーが形成されてゆきます。

発信するポイント

ＳＮＳを使用して集客を図るために、最重要な要素としては、「継続する」ことが挙げられます。コンテンツの内容や動画の編集力などは二の次です。士業が専門業務に関する内容を発信しても、ＳＮＳ内ではニッチな内容すぎて、基本的にフォロワー、登録者、閲覧数はなかなか伸びません。それで問題ありません。

そもそも士業の専門業務に興味のあるユーザーは、大衆向けのコンテンツユーザー層と違い、そのサービスの購入を検討していたり、すでにニーズが顕在化されていたりする層となります。

そのためフォロワー、登録者数が数千人であっても、十分に収益化を図ることが可能です。ですので、フォロワー数がなかなか伸びないから、すぐに辞めるではなく、定期的な発信を継続し、少しずつ認知を広げる施策が重要です。

このような内容をコミュニティーやセミナーでお話しすると、自分の動画を発信することに抵抗を持つ方が、多くいらっしゃいます。動画を発信すれば、超少数から批判等もありますが、所詮士業のニッチな発信など全体で見ればほとんどの人が認知していません。士業は自分自身が商品です。

顧客は、自分の悩みを解決してくれる先生はどんな人なのか、専門知識はあるのか、とても気にしています。顧客目線で考え、積極的に発信し、SNS時代を有効活用していただければと思います。

2　SNSコミュニティーの問合せ～受任まで

面談までの工数を減らし、受任率を向上させる工夫

SNSでの発信がユーザーに認知されると、次第にお問合せも増加してくるわけですが、他の集客チャネル（紹介、ホームページなど）と比較すると、SNSからのお問い合わせは、「質」が低い傾向にあります。SNSの手軽さから、些細な質問から個別具体的な回答まで求めるもの、面談までの誘導を適正に構築しないと、ただの無料相談の場になってしまいます。

SNSでの業務に関する問合せは、週に30―50件ほどありますが、当初はすべての問合せに他の

集客チャネルと同様の対応をしておりました。すると、問合せから面談までの工数は、大幅に増加し、面談での受任率もホームページ集客と比較し半分近くまで下がる結果となりました。面談までの工数の増加、受任率の低下、この2つのボトルネックを解消するために、取り組んだ項目をご紹介します。

・返信テンプレートの作成

業務の内容や質問の意図に応じて、返信内容をテンプレート化し、必ず無料相談と有料相談の範囲等を明確化した内容を記載。無料で有益な情報だけ聞きたい、案件に繋がらないような層をできる限り排除できるような内容とし、また即レスが可能となります。

・業務の種類ごとに詳細なヒアリングシートを作成

業務の種類ごとに、Ｇｏｏｇｌｅフォームにて詳細なヒアリングシートを作成し、原則当該ヒアリングシートに回答しなければ、面談に進めない対応としました。要件が充足されているかの確認が十分になされ、事前のチャットや電話による要件等の確認時間、面談時間の短縮が図られました。

ＳＮＳ担当者の実務教育

パートスタッフで要件の確認等ができるよう実務教育を徹底し、面談まで行政書士が対応しなくていい環境を整備しました。

顧客にとっては、面談までの工数が増えたり、無料で個別具体的な情報を得たりすることはできなくなりましたが、前記の改善を繰り返しながら徹底して実施したことにより、本当に依頼を検討している見込顧客のみの面談となり、面談数は減りましたが、受任率、受任数ともに向上した結果を得ることができました。

SNSでの集客を図る場合、受任までの過程において、どこかにボトルネックが必ず生じます。ボトルネックを見極め、試案の実行を繰り返しながら、解消していくことが求められます。

3　有名コミュニティーをフル活用する方法

コミュニティーフル活用ｍｐ術

コミュニティーにせっかく参加したのであれば、誰しも思うことですが、コミュニティーを自分のビジネスにしっかりと効果をもたらしてくれる存在にすることです。

ここでは有名コミュニティーをフル活用する方法をお教えします。私吉野が実際に加入している、していた経験則に基づいたコミュニティーフル活用の術を余すことなく伝授しますので、コミュニティー参加の際の参考にしてください。

【有名コミュニティー「ＢＮＩ」をフル活用する】

ＢＮＩはアメリカで発祥したリファーラルマーケティングをチャプターと呼ばれるビジネスチー

ムで実践することで紹介を回しあいメンバーのビジネスに貢献しあいながらビジネス発展をしていくビジネスコミュニティーです。

ＢＮＩという名前を出すと、様々な場所で、「参加してる！」とか「元メンバーだったよ！」といった声を聞いたことがあるのではないでしょうか？

かたや、ＢＮＩって「なんかノルマがあるんでしょ？」とか「毎週参加しないといけないから面倒！」といったネガティブワードとともに聞くこともあるのが、このＢＮＩの特徴でもあります。

ですが、現在ＢＮＩは日本だけでも1万人以上のメンバーが在籍しています。その1万人のメンバーはチャプターと呼ばれるいわゆるチームに参加してビジネス交流を行います。そこで生み出されるビジネスの数は皆さんが思っているよりも多く、売上だけで年間数千万円をたたき出すなど、かなりビジネスチャンスの多いコミュニティーでもあります。

●ＢＮＩをフル活用する方法その①／前向きにまずはメンバーに貢献することから始める

ＢＮＩは参加してすぐにビジネスになることが難しいと言われます。それは参加してすぐはメンバー同士知らないことばかりで、ビジネスを紹介するに値する人物なのかどうかをお互い見定める必要があるからです。

そのため、ＢＮＩの理念にも先にＧＩＶＥ（与える）をしてから巡り巡ってＧＡＩＮ（儲ける）が返ってくるというものを掲げています。

まずは、ＢＮＩを活用するためには所属するメンバーに貢献することが近道となります。ではは貢献ってなに？　ということなんですが、ＢＮＩは加入した後、チャプターと呼ばれるビジネスチームに所属することになります。

私は、２０２０年に知り合いの紹介で東京都港区に所属するチャプターに加入しました。加入当初は30名弱のメンバーがいて、当時はＪＲ新橋駅近くのレストランで朝６時30分に集まって定例会を開催していました。ＢＮＩはすべてメンバーが定例会を仕切って進めていきます。

その仕切り役というのが３役と呼ばれるプレジデント・バイスプレジデント・書記兼会計です。この三役を中心にその他の役職もメンバーが担っています。しかもこの役職は特に報酬などをもらうことなくメンバーが持ち回りで毎期（１期が６か月なのがＢＮＩです）メンバー同士で任命されて務めることになります。

この役職を任されたときにお受けするというのも貢献の１つなんです。時折、役職打診をすると断るメンバーがいますが、基本ほとんどのメンバーは快く引き受けてくれます。この引き受けるということも貢献であり、役職を全うした先には、チャプターに貢献したメンバーとしてたたえられます。そこからまたビジネスの芽を摘み取ることも可能なんです。

●ＢＮＩをフル活用する方法その②／ビジターを招待し、チャプターのメンバー数を増やす

ＢＮＩには３つのコミットというものがあります。リファーラル(紹介)、ビジター(ゲスト)招待、

推薦の言葉です。この３つのコミットのうち最低１つ毎週所属メンバーは定例会に参加する際に持ち込まないといけません。

その中でもビジター招待はチャプターの拡大には欠かせません。どんなにいいコミュニティーでも継続して新しいメンバーが入ってこないと、ビジネスがマンネリ化しがちです。そのために、ＢＮＩのメンバーは定期的に毎週の定例会にメンバー大切にしているビジネス仲間やお客様といった方をビジターとしてご招待することをコミットする必要があります。

●ＢＮＩをフル活用する方法その③／リファーラルマーケティングを学び続ける

ＢＮＩには生涯学習というコアバリューと呼ばれるＢＮＩを活用するための大事な要素を掲げています。

ＢＮＩには数多くのトレーニングと呼ばれる、リファーラルマーケティングを学ぶための学習の機会が提供されています。

大人になって継続的に学ぶ機会がないメンバーにとって、はじめはこんなにもトレーニングがあって面倒と思うかもしれませんが、継続的に学習をすることで、正しいリファーラルマーケティングを習得し、それをチャプター内で活用していくことで結果としてビジネスにつながるという先人の経験が下地になっています。継続的学習もＢＮＩをフル活用するためには重要です。

提供されるトレーニングは２２００円〜という安価で受講できるのも特徴です。

●ＢＮＩをフル活用する方法その④／１年であきらめない

リファーラルマーケティングは1年では効果が出ないと言われています。

それは前述の通り、まずはメンバーに自分を知ってもらい、ＧＩＶＥしてそれからビジネスにつながる仕組みだからです。

所属すればすぐにビジネスにつながるという誤解をもって参加している方もいるようですが、ＢＮＩをフル活用するためには我慢が大事です。

3～4か月で仕事も来ないわ、成果も出ないし効果がないじゃんと思う気持ちも当然ながらわかります。もしもすぐに効果が出ないとイヤだ！と強くお考えであれば、ＢＮＩではない選択肢も検討したほうがいいと思います。

効果がすぐに出ないのがＢＮＩだ！　と割り切って活動ができるのであれば、ビジネスの芽が出てくる実感をすることができてくるはずです。私も数か月では効果の実感は得られませんでした。「全然仕事になんないじゃん。これじゃ続けても意味ないかな？」と思ったこともありました。

ただ、そこで退会せずに思いとどまれたのは、ＢＮＩは毎週メンバーと合う中で、仲良くなっていくメンバーがちらほら出てきます。すると、ビジネスの芽になりそうな人をつないでもらうなど徐々に実感値が増えてきました。

もちろん、その実感できる度合いは各自違いますが、短期で結論づけなかったことによる私の経験でありますので、少しだとしても参考になるのではないかなと思います。

メンバーによっては10年以上在籍している方もいます。それだけ長くいることで得られるものが多いという証拠です。

●ＢＮＩをフル活用する方法その⑤／役割を全うする

前述した通り、ＢＮＩに所属すると、半期（６か月）ごとにチャプター内の役割を担うメンバーが変更されます。いわゆる３役と呼ばれるプレジデント・バイスプレジデント・書記兼会計。バイスプレジデントを筆頭にチャプター運営をしっかりと進めるために、新メンバー入会の際の審査やＢＮＩの規定の運用を先頭切って担う役職としてメンバーシップ委員会があります。

またネットワーキング学習を提供するエデュケーションコーディネーター、新規メンバーをサポートするメンターコーディネーターなど、チャプターを継続的に発展させるために様々な役割が設けられています。

所属すると、そのような役割を打診されることがあります。この役職も打診を受けたのなら、積極的に主体的に引き受けるということが、ビジネスを拡大するためには効果的なポイントになります。現に私は参加している際にエデュケーションコーディネーターやメンバーシップ委員会などの役職を打診されました。その際にも快く引き受けて役職を全うしました。そうすると、吉野さんはしっかりと役を全うしてくれた、信頼できるメンバーだという認識をされリファーラルが増えた経験もあります。

【有名コミュニティー「倫理法人会」をフル活用する】

●倫理法人会をフル活用する方法その①／継続してモーニングセミナーに参加する

倫理法人会はまずは全国で開催されている支部ごとの倫理法人会に加入することになります。現在は全国で約730か所、海外6か所で毎週どこかで開催をされています。

自分の参加しやすい会を選んで、すでに会員になっている方の紹介や倫理法人会のホームページから申し込みが可能となります。

参加してまずは、朝から開催されているモーニングセミナーへ積極的に参加することから始まります。

倫理法人会は直接仕事を紹介しあう場所ではないですが、同じ倫理を学ぶ会員同士ということもあり、毎週会う会員同士は自然と認知や信頼関係が築かれてきます。まずは定期的に参加して、顔を知ってもらうことが何より大事です。私も倫理法人会は2023年に加入したためまだ間もないということもありますが、加入当初だったのにも関わらず、仕事の相談を受けるという経験もしました。倫理法人会は直接的なビジネスを交し合うコミュニティーではないですが、このようにビジネスにつながるお声がけもいただけるのが倫理法人会なんです。

●倫理法人会をフル活用するその②／会員限定の無料の倫理指導を受ける

倫理法人会は月額1万円で参加できます。その中に倫理法人会員が受けることができる制度が「倫理指導」です。

自身の家庭の悩み・経営の悩みなどあらゆる自分自身がかかえる問題・課題を倫理指導ができる会員の方が話を聞いてくれて、指導を受けることが可能です。

この倫理指導に基づいて、倫理実践をして様々な倫理体験をした会員さんがたくさんいます。ビジネスの紹介という直接的な制度ではないですが、倫理実践を通じて、仕事につながったという声はたくさんあります。私は、加入当初倫理指導を受けました。倫理指導は倫理研究所という倫理法人会の本部で受けるものや倫理指導ができるメンバーから受ける方法などがあります。

私は、倫理研究所に所属する倫理指導員の方から指導を受けました。その際には、ビジネスやプライベートでこれだけは解決しておきたいという内容を倫理指導票というのを活用して、面談を進めます。

私が倫理指導を受けた際には、今後のビジネスの方向性について相談しました。倫理指導の特徴としては、相談内容には全く関係ないのではないかなという指導を受けることがあります。しかし、その指導は所属する会員からも好評で、その指導内容をしっかりとした結果、好転する結果になっていたという会員さんが多数います。

せっかく倫理法人会に加入したのであれば、ぜひ無料で受けられる倫理指導を受けることをおすすめします。何度でも受けることもでき、その時々の課題に向き合うことが可能です。

倫理法人会は交流会とは一味違った、自分自身に向き合う場所としてもとても効果的です。

【有名コミュニティー「真誓会」をフル活用する】

●真誓会をフル活用する方法その①／色々なエリアに参加しまくる

どんなコミュニティーも参加するだけでは意味がありません。

コミュニティーマーケティングにおいて参加は最低条件で、そこから自分を知ってもらうために継続して参加していく主体性が何よりも大事です。

真誓会は設立2年半程度で50近いエリアと呼ばれる様々な定例会が毎月開催されています。

しかも真誓会の特徴としてメンバーは基本的に色々なエリアに自由に参加ができます。ただし、真誓会には、バッチ制というのがあり、入会直後は「イエロー」、ゲストを招待し加入してもらい1名以上紹介した場合は「ブルー」、5名以上は「シルバー」、10名以上は「ゴールド」、30名以上は「ダイヤモンド」というランク付けがされており、ブルーのバッチ以上の会員は制限なく色々なエリアに参加可能です（ちなみに私は２０２３年現在「ゴールド」バッジです）。

イエローも参加できるエリアはたくさんありますが、会の制度上イエローバッチメンバーは「準会員」と呼ばれ、1年の間イエローバッチのままだと更新ができない場合があります。

●真誓会をフル活用する方法その②／ゲストをご招待し、一緒にメンバーとして活動してもらう

ゲストを招待することも自分の認知度や信頼度を上げていくことにもつながります。

どのコミュニティーもそうですが、メンバーが増えていくことがコミュニティー発展には欠かせ

ません。

真誓会はゲスト招待を義務のように課しているわけではありません。ですが、所属メンバーは自発的にコミュニティーを盛り上げようということで毎月の定例会には多くのゲストをご招待しています。

まずは、自分が大切にする人を招待し、一緒に活動してもらうようにすることは大事なことです。

真誓会は会員資格として経営者に限定されています。

つまり決裁権者しかいない会ということも意味しますので、ビジネスを加速させるためには非常に有効な場所と言えます。

大切な自分の付き合いのある経営者さんをご紹介していき、コミュニティーを発展させていくことが巡り巡って自分のビジネス発展の起爆剤になり得ます。

●真誓会をフル活用する方法その③／エリアの運営委員として積極的に活動する

参加だけだとコミュニティーはあまり効果がないというのはもうおわかりになってきたと思いますが、もっと突き詰めると、ただメンバーという立ち位置でいるというのはもったいない行動とも言えます。

真誓会は、運営委員というメンバーが毎月の定例会などを運営しています。

この運営委員はメンバーであればだれでもなることができ、やはり運営をする立場として認知度などは爆上がりします。現に私は錦糸町エリアの副事務局長という役職を受けて活動しています。

お手伝いとか面倒だなと思われる方もいるかもしれないので、無理強いはできませんが、コミュニティーマーケティングの効果を最大化させるための行動としては、会の中心に近い場所で活動するのもビジネス拡大にとって大事な行動と言えます。

おすすめは、参加したそのモチベーションのまま運営委員になることです。私は数か月してから運営に携わる決意をしましたが、これは認知度を高めていくためには入会してすぐに立候補することが重要です。

真誓会はいい意味で、運営委員も仕事に影響がでない範囲内で、関与することもできます。しかも、毎月運営員の会議はありますが、会議後に懇親会もあり、参加するたびにメンバー同士が仲良くなっていきます。

自分のビジネススタイルに合わせて活動できることも真誓会のいいところでもあります。

●真誓会をフル活用する方法その④／新規エリアを立ち上げて代表になる

真誓会は設立して2年半程度と非常に若いコミュニティーです。

現在は様々なエリアを立ち上げて、急激にメンバー数拡大を目指しています。最近では海外（香港・バンコクなど）にもエリアが立ち上がるなどスピード感をもってエリアを立ち上げています。

そうすると、長く参加していると新たなエリアの代表になれる可能性も他の会とは違い高くなります。

やはり代表になればさらに認知度は上がりますし、行動が常にみられる立場にある分、それだけビジネスチャンスも多く巡ってきます。

ここで紹介したコミュニティーは日本にあるコミュニティーのほんの一部です。

まだまだ魅力的なコミュニティーはたくさんあります。

活用の仕方は結局自分次第です。しかも、どんなにいいコミュニティーと言われていても、ここも結局は自分の肌に合うかどうかです。

まずは、探すばかりではなく思い切って飛び込んでみる！

これこそがコミュニティーフル活用の第一歩です。

4　コミュニティーから仕事が舞い込む方法

せっかくコミュニティーに入ったのですから、そこから仕事が舞い込んでくることが一番ですよね。

ではそのコミュニティーから仕事が舞い込む方法について紹介していきます。

ここで紹介する方法を最低限理解して仕事が舞い込む仕組みをつくっていってください。

●仕事が舞い込む方法その①：まずは何者かの認知を高める

コミュニティーからビジネスを拡大する際には、すぐに仕事が舞い込むという考えは取っ払わなければいけません。

ネット集客などのデジタルマーケティングと違い、コミュニティーマーケティングなどいわゆるアナログマーケティングは仕事が舞い込むまでには時間がかかることがあります。

もちろんたまたま需要と供給が合致しているタイミングで仕事が舞い込むことはありますが、それは棚ぼたのようなものです。

まず、コミュニティーではあなたが何者なのか？　ということをメンバーに認知してもらう必要があります。そのためには、まず必ずと言っていいほどしてほしいことがあります。それは「コミュニティーの中心人物と仲良くなる」です。

コミュニティーは一種の小さな階級社会と言えます。つまり、主催者に近い人ほどえらいもしくはえらくみえるわけです。主催者が偉ぶっているような雰囲気がなくても主催者だけでこの人すごい人と思った経験ありませんか？　まさにそれなんです。

私が力を入れている真誓会でも私は真っ先に運営委員などを引き受けました。運営委員というのはその会を運営する主催者側の一部になります。すると、自然と主催者に近づくことが可能になり、一気に距離が縮まります。当然運営委員になっただけでは意味がありませんが、運営委員で目立つような行動（例：率先した定例会の運営サポート）をしていくと目に留まりやすくなります。

あなたが何者なのかすらわからない段階で仕事が来ることはあり得ないですし、むしろ信頼関係のない状況で仕事をする場合には紹介する側、される側にリスクしかありません。

先生がコミュニティーで仕事を獲得するぞ！　と思い立ったのであれば、まずは忍耐、我慢です。自分を知ってもらうために活動をすることに主軸を置いてください。

●仕事が舞い込む方法その②：自身のコンテキスト（見られ方）の設定

コンテキストというのはここでは見られ方と定義します。

コミュニティーにおいてみられ方は極めて大事な要素です。あなたは何者？　これを他のメンバーに認識してもらうことなくしてビジネスの紹介はあり得ません。

意外と多いのが、「あの人いい人なんだけど何の仕事？」ということです。

これでは恋愛と同じでいい人どまりでその後交際まで発展しません。

まずは、自分は何者でどんなことを解決できる専門家なのか？　これを明確化させることに集中してください。

●仕事が舞い込む方法その③：傾聴あるのみ！

コミュニティーに入ると、陥りがちなのが、「会費の分元とらないと」という考えです。

これは絶対にやめてください。もちろん会費を支払っている以上それに見合うビジネスを獲得できなければ意味ないという考えもあります。

しかし、コミュニティーマーケティングは何度も口酸っぱく言っていますが、時間がかかるマーケティングです。時間がない、まどろっこしい！　と思う方はすぐにウェブマーケティングなどのデジタルマーケティングにシフトすべきです。

コミュニティーマーケティングで生計を立てる！　と決めたなら大事なのはとにもかくにも「傾聴」です。

傾聴とはつまり、相手の話を率先して聞くということです。人は話を聞いてもらえるのは大好きです。先生もそう思いませんか？

なので、傾聴は意外と難しいんです。難しいからこのスキルを鍛えていけばおのずとあなたの認知度・信頼度は爆上がりです。

まずは、相手に興味を持って、質問攻めをするぐらいオーバーに相手に傾聴してあげる。これこそコミュニティーマーケティングを使い倒す極意です。

●仕事が舞い込む方法その④：先に相手に貢献する！

傾聴が上手くできるようになると、相手が求めていることが明確化してきます。そこで、相手の信頼をかなりのスピード感で挙げるための方法が、相手への貢献です。

貢献は相手の直接顧客の紹介もありますが、実は盲点なのが相手の喜ぶ協業先などの紹介です。

また、士業コミュニティー内において、役割を積極的に受けていくというのも貢献の1つです。頼まれ事は試され事などという言葉もある通り、せっかく声をかけてもらえたのなら、面倒と思わずにまずは役割を全うするという気概も重要です。

ビジネスは当然ながら1人では完結できるものはあまりありません。しっかりと傾聴力が身に付いたあなたにとって相手が求めるニーズを拾い上げるのは簡単です。まずは、Ｍａｙ Ｉ Ｈｅｌｐ Ｙｏｕ？（お困りごとはありませんか？）という第一声をメンバーに投げかけられる度量を持つことは自分のビジネスを加速させる起爆剤になるはずです。

●仕事が舞い込む方法その⑤：メンバーとの１ｏｎ１を積極的に行う

傾聴や、貢献するには相手とのミーティングの機会がないと意味がありません。大勢のコミュニティーの中ではどうしても限られた時間の中で、最小限のコミュニケーションしか取れないこともあります。

まずは、ミーティングの機会いわゆる１ｏｎ１の機会をもらい、相手に徹底的に傾聴し、貢献できることはないか？　というアンテナを張り巡らせてください。

コミュニティーに所属して信頼を獲得していくと、ビジネスミーティングの機会をもらうことはかなり容易になります。１ｏｎ１の機会獲得にはまずは、自分自身のコンミュニティ内における信頼アップにも努めてください。

5　コミュニティーの選択と入る方法

コミュニティーは世の中にいくつもあります。

士業は強制加入の連合会のような組織もありますが、それは必ず入らなければ士業として活動ができないわけですからここでいうコミュニティーには入れません。

ここでいうコミュニティーは自発的に立ち上がった、有志のコミュニティーを指します。

では、様々なコミュニティーがある中でどのコミュニティーで活動するのか？　選択する方法とそこに入る方法についてご紹介します。

●選択の方法その①／あなたがどんなメンバーを求めているのかを考える

士業は世の中たくさんいますが、考え方やスタンスなど違った様々な士業がいます。まずは先生自身がどんなメンバーとつながることがいいのか？　これを考えることから始めてください。

先生自身の専門分野から考えるのもいいですし、先に コミュニティーに所属している先生の知り合いに先生自身の仕事がコミュニティーに参加することが有効なのかどうかなどを聞いてしまうのもいいと思います。

まずはここから考えるようにするのがおすすめです。

●選択の方法その②／まずはビジター参加できるかを確認して参加してみる

多くのコミュニティーはビジター（ゲスト）参加できると思います。私も当然ながらコミュニティーに興味を持ったとしてすぐに加入することはしません。最初にビジター参加やコミュニティーのキーマンと繋いでもらってコミュニティーを理解してから決めるようにしています。できる限りビジター参加やキーマンとの情報交換をして、どんな士業が参加しているのかを確認する意味で、加入するコミュニティー選定をしてみてください。

●選択の方法その③／参加メンバーの属性を確認する

参加しているメンバーがどんな属性なのかというのもコミュニティー選択には大事です。例えば先生自身が相続を専門に仕事をしていこうと決めている場合は、相続にまつわる仕事をしている士業の先生がたくさんいるコミュニティーに入るほうが当然ながら効果的です。

ただし、相続を専門に扱っていない士業の先生がいたとしてもそのような先生はよく自分の専門外の仕事は、協業している士業の先生がいたりすることもあります。むしろ、そのような先生と仲良くなることで、協業先候補としてリストアップしてもらうといった方法もあります。

●選択の方法その④／会費や規約などの確認

士業コミュニティーと一言で言っても、会費がかかるコミュニティー、規約がしっかりとしたコミュニティーなど様々です。

会費がかからないもしくは安価な会は、自己負担が少なく魅力的に映ることかもしれません。ただし、会費のハードルが低い分創業したての士業さんが多かったり、なかなかまだ軌道に乗っていない士業さんが多くいるコミュニティーになっている可能性もあります。

創業したての士業さんの質が低いという単純な図式にはなりませんが、経験豊富な士業さんがコミュニティーに所属してくれていることは様々な経験をされているので心強いとも言えます。

また、規約などのルールがしっかりと定まった士業コミュニティーに入るというのも安心できる要素とも言えます。ただし、あまりにもルールががちがち過ぎるのも考え物です。のびのびとした気持ちで参加したいと考えているのであればまずは規約などがないコミュニティーを選択するのもありだとは思います。

どうしてもいいコミュニティーが見つからないのであれば、例えば士業の連合会などでは研修や交流会などを開催していることがあります。私も以前埼玉県行政書士会に所属していた時に、オンラインですが新人歓迎会なるものを開催してもらいました。そのようなきっかけから先輩行政書士さんに気に入られて仕事になるということもあります。

行政書士会も立派なコミュニティーの1つと言えますので、行政書士会を1つのコミュニティーとして活用することも検討の余地はあります。

民間のコミュニティーだけではなく、公的なコミュニティーもあることを忘れないでください。

●選択の方法その⑤／結局最後は直観

ここまで色々な選択の方法について話しましたが、結局はそのコミュニティーに参加したいかどうか？　という自分自身の「直感」が大事だったりします。

参加したときに自分にとって違和感があるメンバーがいたりする場合は、どんなにいいコミュニティーだったとしても後々面倒です。私が違和感あるなーと思うメンバーの特徴は、「こちらの話を聞いていない」、「目が笑っていない」ような士業さんがいると違和感を覚え、加入しません。これはあくまでも私の価値観ですが、先生も違和感というものを抱くことがあるはずです。その違和感は放置してもいいことはありませんので、まずは自分の感覚を信じてコミュニティー選びをしてください。

6　コミュニティーの紹介～受任まで

士業コミュニティーにおける紹介から受任までの一般的な流れは、次の通りです。

●紹介から受注までの流れその①　ネットワーキングおよび紹介

士業コミュニティーでの定期的なネットワーキングを通じて、他のプロフェッショナルと関係を築きます。ここでいうネットワーキングとは、毎回のビジネス交流や勉強会といった士業コミュニティー内の交流だけでなく、1on1といった個別のミーティングなども指します。

徐々に士業コミュニティー内での認知がされてくると、士業コミュニティーのメンバーが、特定の案件やクライアントを紹介してくれるようになります。当たり前ではありますが、この紹介が受任の最初のステップです。

この紹介はなんとなく棚ぼた感があるかもしれません。しかしながら紹介というのはこちらが意図的に呼び込むという方法も実はあったりします。

ここでは、そんな紹介を意図的に呼び込む方法の一例も説明しておきましょう。

紹介を意図的に呼び込む方法

①あなたの専門性をきわめてとがらせる

相続専門の行政書士です。建設業許可専門の行政書士です。こんな専門性をうたう士業の先生はたくさんあります。ですが、これくらいの専門性特化は紹介を意図的に呼び込むことは難しいです。なぜなら、相続専門、建設業許可専門という行政書士は全国にたくさんいるからです。このくらいの専門性の打ちだしだけですと、資金力のある士業さんには勝てません。ここでいう専門性をとがらせるポイントは「きわめてとがらせる」ことです。

一例としては次の通りです。
・東京都江戸川区で2代目社長が経営をしている建設業専門特化の行政書士

・亡くなったあとの相続だけでなく、事前に争わない相続に向けた終活サポートまでできる相続専門行政書士

ここで挙げたものは一例ですが、大事なのは「紹介者がそんな人知り合いにいたな！」と思わせられることです。よくマーケティングでは「ペルソナ」と呼ばれますが、○○に住んでいて、子どもが○人で、生まれは○○県の○歳で、○が趣味の○○さんみたいに、より個別具体的に対象を特定することをペルソナと呼びます。

つまり、先生自身が極めて紹介してほしい人をイメージすることが紹介を意図的に呼び込むための第一段階と言えます。

そうすると、よく「あまりにも専門性をとがらせすぎると他の仕事が来なくなるのでは？」という質問を受けます。

ですが、そこは安心してください。意外にもとがらせるほうがその専門の仕事以外の話も来たりするのです。これは、とがらせればとがらすほど先生自身が認知されやすく、思い出してもらいやすくなるからです。紹介を呼び込むためには先生を思い出してもらわなければ意味がありません。

専門性をとがらせることを怖がらずにしてみることが結果仕事を意図的にたくさん舞い込ませるトリガーになるのです。

②メンバーの中でキーマンと呼ばれる人を特定する

士業コミュニティーのメンバー全員に先生を認知してもらうことは大事です。

では士業コミュニティーに参加し続ける中で慣れてきた時期に入ってきた場合はどうでしょうか？　いつまでも認知だけの状態では一向に仕事に結びつきません。次に大事になるのは、メンバーの中でキーマンになりそうな人を特定する作業です。

よくスーパー紹介マンと呼ばれる人が世の中にはいると言われます。そのスーパー紹介マンを探すことができれば一生仕事に困らなくなるといわれるくらいめちゃくちゃ大事な存在です。

ここで言うキーマンはこのスーパー紹介マン候補でもあります。先生の周りにいつも紹介をしてくれる士業さんっていませんか？　もしかするとその方はすでにスーパー紹介マン候補かもしれません。まだいないという先生は、士業コミュニティー内で1on1などを重ね、徐々にキーマンを特定するように行動してみてください。

●紹介から受注までの流れその②

初対面およびニーズの評価

紹介を受けたあとは、紹介されたお客様と初めて対面し、そのお客様のニーズを掘り起こしていきます。

方法はいくつかありますが、対面が基本であり、最近ではオンラインなどでも実施されます。

ここで大事なのは、クライアントが何を求めているのか、問題や目標は、予算感や納期限はどうなっているのかなどの情報をヒアリングしていくことになります。

できる限り相手のニーズが引き出せるように、より多くの情報獲得に努めてください。

●紹介から受注までの流れその③　提案から契約

お客様に対して提案をし、サービスの料金、契約条件などを明示します。お客様が提案を受け入れれば、契約が締結され、サービスが開始されます。

●紹介から受注までの流れその④　業務の実行・進捗連絡

お客様のために業務を実行します。

ここで大事なのは、業務を進めるという当たり前のことではなく、進捗連絡です。途中経過をまったく伝えずに終了のタイミングだけに連絡を入れる方がいますが、これは得策ではありません。

逐一、業務に変化（例：申請が完了した、役所から修正が来た）が出たタイミングでお客様との継続したコミュニケーションをとっていくことが信頼を上げていく方法です。

●紹介から受注までの流れその⑤　成果の提供、支払いと業務完了

当然ながらお客様に対して成果物を提供し、満足いくものかどうかを確認していきます。問題ないようであれば、お客様から支払いをしてもらい、業務が完了となります。

以上の流れは、士業コミュニティーにおける先生とお客様の関係を効果的に構築し、プロジェクトや案件を成功させるための一般的なステップです。

ただし、当たり前のことですがお客様のニーズは多種多様です。具体的な業界や専門性によって異なる場合もあるため、状況に応じて調整することがプロの仕事であると言えます。

7　撤退のタイミング

合わないなら即撤退

コミュニティーにせっかく加入したのであれば自分自身のビジネスをより発展できるようになるということが大事ですが、どうしてもそのコミュニティーが合わないということも出てきます。

そんなときは、早めに撤退、つまり損切をすることも大事です。ずるずるとコミュニティーに居続けるというのは得策ではありません。むしろ先生のモチベーションにも直結し、下手をすればビジネスの縮小を招きかねません。

私もコミュニティーに参加していますが、過去に参加してすぐに辞めたコミュニティーもあります。撤退をする際に私が決めていることは、参加しているメンバーと馬が合いそうかどうか？　会の雰囲気が自分には合っているか？　などを指標にして決めています。コミュニティーマーケティングはビジネスにつながる紹介をもらうまでには時間がかかりますから、ビジネスにつながる紹介がないからという理由では撤退はしません。

また、単純に参加が面倒、マンネリになっているといったような理由だとしたら撤退するかどうかは時期尚早かもしれません。

コミュニティーマーケティングは人との関係を構築して、そこから徐々にビジネスにつなげていくマーケティング手法ですから、面倒な部分もあります。ですから、その面倒さで撤退を決意するにはもったいないです。

では、即撤退を決める指標はどう定めるのか？　それを今から見ていくことにしましょう。

●即撤退アラート①／コミュニティー内に悪意ある行動をとる人が出てきたとき

悪意ある行動とは、例えばハラスメントや差別、暴力的な振舞、違法な活動などを言います。

しかもそれが継続して発生する場合は、即撤退を検討すべきです。

ただし、まずは運営者に対応をお願いして、それがどうしても変わらない場合に撤退を検討するほうがいいです。ＢＮＩではメンバーシップ委員会という役割が設けられており、このような問題が発生した場合は、解決に向けた中心的役割を担っています。苦情等の窓口を設けているコミュニティーはメンバーの安心にもつながり、満足度が上がります。

仕組化されているコミュニティーはいいコミュニティーに入ってきますので、悪意ある行動をしているメンバーがいる際にはすぐに撤退を決めるのではなく、事前に苦情などの相談窓口に相談することをおすすめします。例えば、諸悪の根源が一メンバーの原因であればその方が退会すれば問題ないケースもあるからです。

●即撤退アラート②／費用対効果が悪い

コミュニティーに加入する目的は、先生自身のビジネスの拡大です。それに見合わないコストをかけ続けなければいけない場合は撤退を検討すべきです。

ただし、コミュニティーマーケティングは時間がかかることは再三お伝えしています。この費用対効果が悪いから撤退という判断は、1年、2年といった短期間で決するものではなく、もう少し長めに活動した結果、それでも費用対効果が見込まれない場合を想定しています。

しかも、費用対効果を考える際に単純計算的には「維持するコスト―コミュニティーから得られる売上」といった計算式になるかと思いますが、単純にこの計算式に当てはめることが得策とも言えないこともあります。

とても魅力的なメンバーがたくさん在籍し、すぐのすぐにはビジネスに直接跳ね返ってはこないが、そのメンバーから得られることが維持するコスト以上の価値があると先生自身が判断している場合は、売上で見るのではなく売上という数字に表れない価値を含めて費用対効果を検討すべきです。

コミュニティーマーケティングは決して売上だけにフォーカスするマーケティング手段ではないということを改めて理解してみてください。

しかも売上にフォーカスしなくても、結果として売上に跳ね返ってくることもよくあるのがコミュニティーマーケティングです。

【コミュニティー　継続は力なり】

先ほどまでは会わなければ即撤退を検討すべきという内容をお伝えしましたが、コミュニティーマーケティングは「継続は力なり」ということも理解してもらえていると思います。

ウェブマーケティングなどは集客の仕組みさえ整えば比較的短期間で効果が実感できるマーケティング手法ですが、コミュニティーマーケティングは以下のようなプロセスを経るため時間がかかります。

●段階その①／認知（あなたは何者か？）

そもそもあなたは何者なのか？　最初は当然ながらコミュニティーのメンバーは知りません。そのためには、まずは第一段階として自分自身を知ってもらうことをしなければいけません。私も色々なコミュニティーに参加した当初は、名前すら憶えてもらえない経験をしたことがあります。

それは当然と言えば当然で、コミュニティーのメンバー数が多ければ多いほど、名前なんて認知されるわけがありません。普通に参加しているだけでは認知までの期間は長くなってしまいます。

認知までのスピードを加速させるために、コミュニティーマーケティングは、「目立つ」ポジションにつくというのが大事なわけです。

また、知ってもらう内容は様々で、仕事のことはもちろんのこと、プライベートのこと、趣味などなど色々あります。

しかもより効果的な認知の方法は、仕事のことを直球で話すよりもプライベートや趣味など人となりがわかるような内容を先に知ってもらい認知してもらうほうが効果的と言われます。

先生自身も考えてもらいたいのですが、初めて会う人から初対面なのに売り込まれたという経験はありませんか？　私はそのような経験を何度もしています。その結果、その売り込んだ人から購入したかといえば100％に近い確率で購入していないはずです。先生自身が初対面の人と会った際に自分の仕事のことを先に話すことは、この売り込みをするのと同じといえます。

ですから、まずあなた自身はどんな人となりなのか？　というとっかかりがしやすいプライベートを開示することをおすすめします。

●段階その②／信頼（あなたを信頼して大丈夫か？　あなたのことが好きか？）

一通り先生自身のことを知ってもらったら、次は信頼してもらえないと一向に前進していきません。

ここで大事なのは、何度もお伝えしている「先に貢献する」ということです。

貢献の方法としては、仕事以外で自分が得意とする領域で貢献する、コミュニティーの役割を担う、コミュニティーに所属するメンバーの商品・サービスを購入するなどなど貢献の仕方は多種多様です。

貢献をしていくことで、徐々にあなたは信頼できると思ってもらえ、そこから次の段階へ進めるきっかけになっていきます。

しかしながらここで注意点があります。どんなに貢献しても報われないことがあるということです。

その原因は、自分自身です。

つまり、ビジネスをしようと思う場合に誰しも考えることになるのですが、ずばり「相手が好きかどうか？」ということです。ここで言う好きというのは恋愛感情の好きではなく、人間として、今後付き合っていきたいかどうかということです。

どんなに貢献しようと、どんなにビジネススキルが高かろうと、好きになってもらえなければ次の段階へは到底行きつきません。

貢献することも大事ですが、例えば身なりだったり、立ち居振る舞い、マナーなど人間として必要最低限とも言える先生自身の行動でこの好きか嫌いかのジャッジをされてしまいます。

まずは一旦ご自身のこんな行動を見つめなおしてみてください。

●段階その③／売上獲得（あなたに任せるよ！）

段階その①、その②に進むことができた場合、段階その③は意外と簡単です。強固な信頼を獲得できた人は、自然と売上につながることは目に見えています。

ですから、まずは段階その①の認知とその②の信頼を超えることに注力してみてください。

【コラム　コミュニティーマーケティングで得られるビジネス拡大以外のかけがえのないもの】

ここまでコミュニティーマーケティングについて様々な視点から解説をしてきました。コミュニティーマーケティングは自分自身のビジネスを今よりも拡大することを目的とするというのは、第一の目的としてとらえることが大事ですが、コミュニティーマーケティングはそれ以外のことも得られるとても魅力的なマーケティング手法です。

ビジネス拡大以外に得られるものとは何なのか？　ずばり「友」です。

著書である吉野ですが、独立する前は長年サラリーマンをしていました。私は、今まで様々な業種を経験してきました。生活協同組合、法律事務所、システムエンジニア会社、マーケティング会社、税理士事務所などなど人よりも多くの業界経験があります。

サラリーマンの時も同期や先輩などと出会うことはあり、そこから仲良くなることもありますが、独立後に様々なコミュニティーに参加してみて思ったことは、損得勘定抜きにした付き合いができる人と出会えるということです。

私も、独立してすぐにコミュニティーであるＢＮＩに参加し、そこで出会った経営者の方とはいまだに付き合いがあります。しかも、仕事という枠を超えての付き合いをしています。旅行に行ったり、休みに飲みに行ってビジネス以外の相談をしあったりなど、そんなことが気兼ねなくできる友を得ることがコミュニティー参加を通じてできました。売上だけで図ることができないかけがえのないものを得られる可能性を秘めているのもコミュニティーマーケティングの魅力です。

第6章　コミュニティーを使い倒す！　応用編

（担当　千葉　直子）

1　コミュニティーの人脈を使いまくろう！

信頼は積み上げる

では、ここからは応用編ということで、コミュニティーの人脈をフルに活用して、売上のあがる士業になろうということで、ざっくばらんにご説明させていただきます。現在、あなたが、入っているコミュニティーは、無料でも有料でも構いませんが、使い倒せていますか？

使い倒せていないという人はこのまま読み進めていただいて、使い倒せているという人も、もしかして、さらに使い倒せるかもしれないので、このまま読み進めていただきたいです。

『人脈』とは、人と人とのつながりのことで、その人の社会的なネットワークを借りることを言います。

人脈を使わせてもらう前に、自分はこういった人物で、こういった仕事をしています。現在、自分はどのような状況で、どのような人のサポートが必要なのか、わかりやすくまとめておくと、いざ、人脈を使わせていただくときに話がスムーズにいきます。コミュニティー内でのあなたの信頼が高まれば、新しい仕事の話や、紹介など、ビジネスチャンスにつながることが結構あります。ここで、厚かましい営業や、媚を打ってしますと。一気に嫌われるおそれがあるので注意してください。

どこのコミュニティーとは言えませんが、私の体験談として、悪い例を出しておくと、とあるコミュニティーでのことですが、前のめりに唾を飛ばしながらブラックなことをアドバイスしてくる高齢の先生の対応に困ったことがあります。主催の方が気づいてくれ、助け舟を出してくれましたが、なかなかそのご本人の勢いは止まらず、私は懇親会を途中で抜ける、という初めての選択を取らざるを得ませんでした。少し、苦い思い出です。

では、どのような人間が、コミュニティーで信頼されるのかといいますと、まずは、時間を守ることが基本です。私が思う信頼できる人は、約束事がしっかりと守れ、誠実に、仕事や任務を遂行している人です。地味な仕事で、誰も見ていなくても、しっかりと丁寧に仕事をしていく姿は、信頼以外でしかありません。時間を守り、約束事も守り、丁寧なしっかりとした仕事をし、そのコミュニティー内でも他者のために情報提供できる人は、信頼を1つひとつ積み重ねていくでしょう。

コミュニティーで、なかなか人脈を活用できない人なぁ……。という人は、一度、ご自身のコミュニティー内での立ち振舞いを振り返ってみるといいかもしれません。

人をうつむかせていませんか？

時間はちゃんと守れていますか？

時間については、ビジネスシーンでとても重要視されますので、相手の時間を大切に扱いましょう。あとは、怖い顔をしていないかも要注意です。真剣なほど人は無表情になりがちで、むずかしい顔をしてしまいます。人と話すときくらいは、少しリラックスしてほがらかに、話しかけやすい表情を心がいいですね。きっと、みんなは、あなたの笑顔がみたいはずです。

また、応用編として、自分から先に、声をかけられる人は強いです。挨拶でも、天気の話でもいいですが、「なにか、お手伝いしましょうか？」とサラリと言える人は最強です。人は、自ら率先して自分のために動いてくれた人を覚えていてくれるものです。

人脈を活用させていただいた場合は、感謝の気持ちを伝えることも忘れないでください。品物や手紙でなくてもよく、感謝の気持ちを丁寧にお伝えするだけでも、気持ちが伝わると思います。

また、その人がなにかで困っていたり、お手伝いを必要としている場合は、積極的に名乗りを上げ、お手伝いをすると、この先も良好な関係が保てます。私もお世話になっている先生が、人手を必要としている場合や、何かを必要としている場合は、積極的に「これ、やっておきましょうか？」とお声をかけるようにしています。お忙しい先生である場合は、このように自分の時間や労力を感謝の気持ちとして表すのも1つの手段です。

2　恥ずかしい気持ちはほどほどに

自己肯定感を高める

マインドの大切さは、さきほど触れましたが、コミュニティーに入るとき、人と接するとき、人前で話すとき、恥ずかしいと言う気持ちになるときがあります。

少しの恥ずかしさは、人として持つべきだとは思いますが、恥ずかしい気持ちが強い場合、通常の事柄だとしても、若干ハードモードに変わるときがあります。行動する初期の段階で、できれば、恥ずかしさには慣れておきましょう。

まずは、どんな弊害があるかといいますと、「恥ずかしいから、やめておこうかな……」などと、せっかくの他人とのコミュニケーションを避ける傾向があります。これにより、コミュニティー内の人間関係が希薄になり、仲良くなるチャンスを失いがちになってしまいます。もったいないですよね。

また、自己評価を低くしてしまう行為ですので、自信を失うきっかけとなり、行動する腰が重くなってしまいます。行動するきっかけを失うと、新しい機会や経験を避けるクセがついてしまい、「まぁいいか」と、新たなことに挑戦することが億劫になり、成長の機会を逃すことにつながります。

ここまで来ると負のスパイラルです。他人の評価を気にしすぎる病です。例えば、コミュニケーションツールとしてSNSを使う場合は、どうでしょうか。私もSNSを仕事用で活用していますが、周りからよく聞くのは、「他人の目や評価が気になって、なかなか投稿できません」とご相談があります。

SNSは不特定多数の人の目に触れるものであり、他人の目が気になることは、多くの人が持つ感情です。私もSNS初期の頃は、イヤでイヤで仕方がありませんでした。何で知らない人たちに自分の近況を報告しないといけないんだろう、知らない人に話しかけられた……。とても、ストレスでした。もう、SNSに向いていない人種、第1位です。

それが今はどうでしょうか？　もはや、無感情で1日1回朝に、活動内容などをつぶやいています。私が何をしたのかと言うと、その恥ずかしさを初期の段階に捨てたことです。

恥ずかしさを捨てられない人へ、魔法の言葉を1つご紹介します。

最後に「ほんで？」をつけてみてください。

「あいつ、あんなこと言っているｗｗ」

「ほんで？」

「あいつは、バカだなｗｗ」

「ほんで？」

「あいつは、ブサイクだなぁｗｗ」

「ほんで？」

いかがですか？

この世のすべての恥ずかしさはこの3文字で片づけられるはずです。

ただ恥ずかしさの中にも、好きな人への恥じらいだけは、どうか、捨てないでください。あなたの人生を孤独に変えてしまう恐れがあります。

自分のことをよく知らない人に、自分を否定されたら、イヤな気持ちになるのはわかります。ただ、これは、普通にアカウントを運用できていれば、そんなに怖がることはないです。自己顕示欲が強すぎたり、炎上するようなことをすると、そういった層を呼び込むので、注意をしましょう。

ＳＮＳは、基本的に無料で使えることが多く、コミュニケーションや自分の認知のツールとしては、素晴らしいツールです。しかし、過度な使用は、自分の大切な時間を奪い、他人の評価への過度な気遣いもストレスを増加させるので、ストレスを感じすぎる場合、その感情を我慢してまで使う必要はないので、さっさと違う手を検討しましょう。

あとは、「自分はできるんだ」と、自分を信じてあげてください。世の中には、偉業を成し遂げる人物が多くいますが、その人たちが、「自分にはできない……、自分なんて……」と自己肯定感が低めで、事を成した人がいるでしょうか。

自己肯定感を高めるために、小さなことでも、成功体験を振り返り、自信をつけ、自分ができると信じていきましょう。きっと、恥ずかしさはなくなり、行動していけるはずです。

3　情報を仕入れたら、即行動！

コミュニティーにおいても、セミナーや勉強会に出席して、よい情報を仕入れたら、即行動につなげていきましょう。前提条件として、自分の目標や、目的を決めておいて、どういった情報が必要かを把握しておきましょう。

この前提条件がないと、なんのために話を聞いたのかわからなくなり、大事なこともボヤけ、「あぁ、いい話を聞いたな」という満足感だけで終わってしまいます。それじゃあ時間もお金も浮かばれません。

アクションプランをつくっていきましょう。そのアクションプランは、できるだけ具体的に立てましょう。自分のことに当てはめてリアルに想像することが大事です。目標、行動すること、期限まで決めておくと、より行動に移しやすくなります。

私の場合は、よい情報を仕入れたら、自分の状況や自分の士業事務所に落とし込み、行動のチェックリストを作成します。

ワードにやることを入力するだけです。

□事務所の挨拶動画を撮る
□外注さんに動画を編集してもらう
□ＹｏｕＴｕｂｅのサイトを整えておく
□お客様の声をとる
□外注先にアポイントを取る

ポイントは、簡単に簡潔に、やりやすい内容にして書いておきます。これをただただ、何の感情もなくやるだけです。上から順番に行動して、終わったらチェックをつけていくだけです。難易度が高いものや、大がかりなものに関しては、細かく分けて書いておくと、取り掛かりやすいです。

ここでの一番の悪手は、行動を止めてしまうことです。

行動を止めないためには、あまり考えすぎないことです。考えすぎて、行動が止まってしまったり、時間をかけ過ぎたりしている場合は、致命傷のリスクでもないかぎり、始めてしまうのも1つの手です。

稼げない士業の多くに見られる原因の1つに、行動できないことが挙げられます。時間の余裕がある人は、優先順位をつけて行動していくのも、結果的に時間のショートカットになるかもしれません。情報が多く、タスクも山積みになる場合は、優先順位を設定しておかないと、蓋を開けてみたら、重要なタスクがやれてなかったということになりかねません。

もう何が何だか、何をしているかわからない人に関しては、まずは深呼吸をして、やらなければいけないことをタスクにして、書き出してみましょう。そしてそのタスクに優先順位をつけてみてください。絶対やらなければならないものから優先し、無感情で終わらせていきましょう。また同じことが起こらないように、自分のやることをタスク化して優先順位をつけられる仕組みもつくっておきましょう。

応用編として、ここであることに気づきます。

このタスクは私でなくてもできるのではないかということです。それに気がついて、お任せできる従業員さんなどがいる場合は、どんどんお任せしていきましょう。

そして、もう1つ。そもそも、そのタスクがないようにすることはできないかの検討です。そうすることで、時間を生み出すことができ、自分しかできない、自分にとって重要なタスクに集中をすることができます。

4　行動の結果は共有で

興味を持ってもらいコミュニケーションが円滑化

行動をしてみたら、その結果をコミュニティー内で共有してみましょう。

そういう発表の場があるコミュニティーならば率先して発表をしてみたり、誰かに個別によい情報としてお伝えしたりするのもいいと思います。行動の結果を他の人に共有することは、多くのメリットがあります。結果をコミュニティー内で共有することで、「へぇー、あの人はこんなことしているんだ。やってみよう！」や「面白いな」など、興味を持ってもらい、コミュニケーションが円滑になるので、仕事の依頼や、紹介につながります。

また、コミュニティー内で結果を発表することにより、自分の行動や考えをまとめる機会ができ、それを他者にプレゼンすることは、人前で話すことの経験値となります。士業は、人に説明したり、講演業もあったりと講師業スキルはあったほうがいいです。まだ、講義が未経験の場合や講義の数が少ない新人にとって、よい経験になります。

また、発表する形の1つとっても、レポートやレジュメをわかりやすく作成して、プレゼンテーションするので、レジュメ作成能力は上がります。また、時間がない人は資料の作成だけを外注につくってもらうなど、外注スキルもあがります。

そして、成功したことや失敗したことを他者に話してみると、次の行動や戦略に生かすアドバイスがもらえたりすることがあります。ＳＮＳをしている人にとっては、話のネタになるので、こういった行動は投稿のネタになりやすいです。

行動結果を聞く例から見ると

次に、他者の行動の結果を聞く側から、みてみましょう。

他者の行動の結果を聞くことで、相手の現在の視点や、思考、レベル、感情を理解し、「自分だったらどうするかな」や「自分の事務所にはこれが当てはまる」など、とてもいいフィードバックが得られることがあります。

人は自分のことが大好きな傾向にあるので、自分のことばっかりを話したがります。そこで、他人の結果を聞く練習をしている人は、傾聴する力があるので、他人の話を自分のことのように、興味深く、理解しようとするスキルが高くなります。傾聴力はコミュニケーションの重要な要素であり、相手の意見を朗らかに前傾姿勢で聞ける人は、とても重宝されます。

相手の話に興味が持てたら、時と場合に応じて、質問をしてみましょう。質問することで、自分のほしい情報や、有益な情報をもらえるときがあります。

そもそも、わからないことがあるから人は質問すると思うのですが、たまに「質問してもいいですよ」となったときに、「シーン」と耳が痛くなるほど静まり返るときがあります。

ですので、私が所属しているコミュニティーでは、アンケート形式でネットからいつでも質問を受け付けできるようにしています。それでもなかなか質問が集まらないときがあります。私はわからないことがあれば率先して質問するタイプなので（そのためにコミュニティーに属している節もあります）、なぜ質問があるのにしないのか不思議でたまらないため、一度、「なぜ、質問をしないのですか？」と、その人たちに聞いたときがあります。

・聞きたいことはあるんだけれども、これを聞いたら怒られるんじゃないかと思って。
・この質問は、幼稚と思われるのではないかと思って。
・後から質問しようと思って。

このような回答が返ってきました。

ＮＧなしの質問をしていいと言われている場合であれば、「怒られることはほぼない」のだと思います。コミュニティーによっては、私も、たまに、沖縄からタイキックが飛んでくるんじゃないかとヒヤヒヤしながら質問をするときはあります。そういうヒリヒリ感と隣り合わせで、真剣に質問をしています。誰かから怒られることと、自分の課題が解決すること。どちらをとりますか？

あと、行政書士事務所の経営に関することで、真剣に悩んでいるのであれば、回答者は幼稚とは、思わないはずです。さすがに、「カツ丼と親子丼どちらが好きですか？」みたいな質問は、肩が持てませんので、ご注意願います。「後から質問しよう」に関しては、後なんてありませんので、確実に忘れます（笑）。思い立ったが吉日、すぐに質問を入れるように思考改善しましょう。

5　困ったことはすぐに相談！　立ち止まるな！

相談するときの心構え

困ったことがあったときや、自分で解決できそうにない課題があるときは、そのコミュニティーが相談できるところならば、早めに相談してみましょう。もちろん、自分で解決策を考えることは、とても大事です。

ですが、どうがんばっても、自分の引き出しにないことや、経験者や賢者と思われるような人に聞いたほうが、確実に早いときがあります。

実は、ここで有料と無料の差が出てきます。無料のコミュニティーの場合は、報酬が発生していないので、その人同士の関係性に左右されるときがあります。

また質問をする方が、極度の気の使い屋さんである場合は、質問したいのにずっと質問できないままで、空気が読めない人の場合は、かなり専門知識や時間を使う回答を迫ることがあったり、人間関係が複雑になる可能性があります。時間のショートカットのために質問をしたのに、人間関係に時間をとられるようでは本末転倒であります。

そこで私の経験上おすすめしたいのが、有料契約の質問ができるコミュニティーです。ここだとお金が発生しているので、気兼ねなく質問がすることができます。高難易度の質問である場合は、追加料金の有無を聞けばいいだけですし、回答者から見てみますと、お客様になるので、ちゃんとした対応や、回答期限を提示もしてくれます。

私自身も、同業の方に質問をされる場合がありますが、お客様には有料で回答しているので。同業者というだけで全く関係性のない場合、答える義務はないと思っています。

ただ、事務所訪問やご挨拶をしてきてくれた人には、時間を割いて答えてしまうのが人情です。もちろん丁寧に質問をしてくださいますし、感謝の気持ちを感じるので、時間のあるときに回答をするようにしています。

もっとも、これが回数が増えたり頻繁になる場合は、有料契約をおすすめしようと思っています。親しき中にも礼儀ありですし、私もちゃんとお金を払っています。

相談するときのおすすめ心構えです。

心構え①素直オブ素直

素直に勝るものはありません。回答をもらっておいて、理由なき、「いや、でも、それってこうですよね」という否定はやめましょう。反対の立場になってみるとわかりやすいと思うのですが、「こいつには、二度と回答の時間はやらん！」となるのが関の山です。

心構え②相談相手はその人で大丈夫ですか？

例えば、自分の専門分野が障害福祉なのに、入管専門の先生に実務について質問をするのはやめましょう。あとは、できれば守秘義務が守れる人がいいです。口が柔らかそうな人は避けておいたほうがいいでしょう。

心構え③その質問は、回答者にとってわかりやすいですか？

自分の悩みや課題を自分で整理し、具体的な質問や要点をきちんと事前に整理しておきましょう。相手の時間を奪わないという配慮も必要です。

心構え④回答を踏まえて、解決してみましょう（ここが一番大事）

回答をいただいて、「ふーん、そうかぁ」ではなく、仕事に対する具体的アドバイスだとしたら、行動計画を立てて実践してみましょう。

心構え⑤感謝とお礼を忘れずに♪

あなたに時間を割いて回答をしてくれた人に感謝の気持ちを伝えましょう。そして、相談した回答者によっては、問題が解決したのか気になっている人もいるかもしれませんので、そのような人には、お礼もかねて報告をしましょう。ここで気をつけたい点は、多忙の人には、その報告は不必要な場合もあるので注意をしましょう。

私も、有料の質問制度にはとても助けられています。自分が目指している経営者像に近しい人と、圧倒的に経営の実力があり自分の力を底上げしてくる人と、実務については、この人はすごい専門知識を持っていて、到底、抜くことはできないという先生に、本当に困っているときに、質問できるような機会をいただいています。もちろん、質問できる環境を自ら手に入れるようにがんばっていますし、この環境には、本当に、心から感謝をしています。

6 コミュニティーで自分の存在価値を上げる方法

自分の存在価値を上げるポイントは2つ

大きく2つあります。

1つ目は、目に見える結果を残すこと。

2つ目は、誰もがやりたがらない雑用を買って出ること。

1つ目はわかりやすいですね、士業でいう経営に特化したコミュニティーでしたら、売上を上げること、成功事例を多く持つこと、いい方向で有名になること、誰もが無視できないよい結果を残すことで、あなたの価値が高まります。

2つ目は、ないがしろにされやすいですが、誰もがやりたがらない面倒くさくて地味な仕事を進んで引き受けることです。昔のことわざに、「苦労は買ってでもしろ」という格言があるのはご存知でしょうか。そういうことです。見ている人は見ています。「あの人はいつも雑用をやっているな」から、「あの人がいないと、なんか回らないなー」に変わるんです。

そしてできれば、常にそのコミュニティーにいるようにしましょう。そうすることで、「なんかいつもいるし、これやってみる?」とお声がかかるかもしれません。

私も、自分が参加しているコミュニティーにはできるだけ参加するようにしています。そして、運営係を全員の挙手制で決める場合に、誰からも手が挙がらない場合があるのですが、そういったときは空気を読んで、最後のほうに手を挙げるようにしています。もちろんできたら、誰かにやってほしいなというときもありますが、これも勉強だと思って、楽しんでやっています。

第一印象をよくする女性バージョン

第一印象が大切なのは湯田先生の章で触れていますが、私からも女性バージョンとして、気をつけていることをお伝えします。

清潔感のある、誰が見ても爽やかな印象を与える雰囲気をできるだけ出すことを大切にしています。

例えばですが、できるだけ質のいい食べ物を摂取して、適度な運動をし、お肌は保湿力の高い化粧水、定期的にエステや美容院で整え、質のいい衣類を身にまとう。

こんなのは理想です。どれだけの人ができるというのでしょうか。

実際の２児ママは、こんな感じです。

できるだけ食物からビタミンは摂りたいが、少し無理があるため、ドラッグストアで手軽に調達できるビタミン剤を心休めに飲む。水は２Ｌ飲んだほうがいいと言われるが、結構きついので、気づいたら飲むようにしている。ジムやパーソナルトレーニングに通いたいが、時間がないので、忙しい毎日の中で忙しくて走っているのでＯＫとみなす。

お肌のケアも時間をかけてあげたいが、子どもが呼ぶので、5秒ぐらいで済ます。イベントの前日なんかは、シートパックでながら作業で保湿しておく。美容院も頻繁には行けないので、あとから付けるタイプのトリートメントとオイルで何とかする。服に関しては無頓着なため、仕事の合間で見つけた服屋さんにより、店員さんに見繕ってもらう。

若干引かせたならすみません。いちおう、謝っておきますが、現実はどこも変わらないのではないでしょうか。それでもなんとなく、できる範囲で、清潔感のある誰が見ても爽やかな印象を与えたいという努力が伝わってくるのではないでしょうか。

そして、最初は、爽やかな印象でコミュニティーに馴染むことを考えましょう。もちろん、ガツガツといける人はいいですが、日本人の特性として控えめな人が好かれる傾向にありますので、初っ端から自己主張が強すぎるとのコミュニティーの和を乱してしまい、コミュニティーリーダーから、ネガティブな目で見られてしまうかもしれませんので気をつけましょう。

コミュニティーで自分の存在価値を上げる方法として、チート技も3つお伝えします。①主催者と友達レベルで仲良くなる、②主催者に孫ばりに可愛がられる、③主催者が手の届かなさそうな雑務を率先してやる、という方法もあります。

これはただ全員に再現性があるわけでもなく、その主催者が友達になりたいなという人物であったり、目に入れても痛くないなという人物であったり、奉仕の心が必要になってきますので、若干のハードルを感じさせる方法です。挑戦できそうな人は、挑戦をしてみてください。

7　コミュニティーそのものの価値を高めよう

コミュニティー外部の評価を高める

コミュニティー内での自分の存在価値を高めることができたら、次はコミュニティーそのものの、内部の評価の価値を高めることや、外部からの評価の価値を高めてみましょう。このフェーズでは、コミュニティーに貢献したり、運営側に近づいていたり、またもう運営に参加している段階になります。

コミュニティーは参加してくれるメンバーがいないと成り立ちません。人の集まりですから、１人では難しいですよね。そして、コミュニティー参加に慣れてきた頃には、運営側にも興味を持って入ってみましょう。与えられていた側から、与える側になる。これは実務でお客様に接する上で、とても生きるスキルとなります。

運営側は、参加してくれるメンバー達の欲するものを理解し、その欲するレベルを上回るような価値提供をしていかなければなりません。それを自分も、自分の頭で考えながら、今まで運営していた人たちと思考を交差しながらやっていくのです。

またそのコミュニティーの共通する目的がある場合は、その目的が達成するようにスケジュール管理や、コミュニティーメンバーの目的が達成するようリードをしていかなければなりません。

メンバーからのコミュニティーへの感想、悩み、課題など、フィードバックを積極的に収集して、アンケートが難しい場合は、懇親会など賑やかなリラックスした雰囲気の中、さりげなく聞いてみることも1つの手法です。メンバーとして参加してくる人々の生の声は、実務で言うお客様の声です。お客様の声は真摯に受け止め、改善に努めましょう。

また、その結果をコミュニティーに反映していくと、「しっかりと自分の意見を反映してくれるんだぁ」「とても価値のあるコミュニティーだなぁ」とメンバーさんの満足度が高まります。その結果そのコミュニティーの価値は上がります。

そして、そのコミュニティーの価値とは、メンバーの共通目的の達成です。

士業の経営コミュニティーなら売上が上がること。実務のコミュニティーなら、専門知識・実務知識が増えること。癒しのコミュニティーなら、全員癒されリラックスした気持ちになれること。

運営側は、提供したら終わりではなく、メンバーの成長やフィードバックも取れると、その価値はうなぎ上りに高くなります。

どんなに高価で希少なダイヤモンドも、誰の目にも触れられない山奥の土の中に眠っていれば、ただの石ころです。何の価値もありません。だって誰も知らないのですから。誰かに見つけられ、磨かれ研磨され市場に出され人の目に触れられ、商談成立すれば、一気にその価値は高まります。

コミュニティーとして自らがどんどん行動し、メンバーに行動している姿を見せ、コミュニティーの存在を外部にも知ってもらいましょう。もしかすると、潜在的にいる新しいメンバーにアプローチになっているかもしれません。人は、絶えず動いているものが気になるものです。私たちの祖先の狩りの血を応用したものだと言われています。

また、コミュニティーのブランディングの方向性には気をつけましょう。参加メンバーが、『このコミュニティーに所属している』と思われると、「恥ずかしい」と思えるコミュニティーは、こちらも運営していて、恥ずかしいですよね。運営もメンバーも、自分の立ち振舞いに誇りを持ち、社会的価値の高いコミュニティーになるような人物像を心がけたいものです。

8　男女関係・いざこざ、ここには気をつけよう

一発退場になりかねない男女のトラブル

ここだけは注意してください。と言えるほど、トラブルになりやすく一発退場になる可能性があるのは男女間のトラブルです。ＴＶのワイドショーや週刊誌などでも、視聴率や人の興味をひくのか、男女トラブルは、頻繁に目や耳にすることが多いですね。

人間の性質上、自分の遺伝子を持った子孫を残す本能があるので、何らかの接触は考えられるものの、トラブルになるのはまずいですね。

では、男女間のトラブルはどういったときに起こるのでしょうか。

まずは、男女間のコミュニケーションが不足している場合には、誤解や不満がたまりやすくなり

ます。これは、ただのコミュニケーション不足であることが多いので、話せばわかる系です。もう少しコミュニケーションを取ってみましょう。

士業の年齢層はわりと高めてあることは知られています。コミュニティー内で、男女差に基づいたステレオタイプや、偏見を持った人がいる場合、偏見を持たれたほうに不満がたまります。お酒が入った懇親会では、気が大きくなったり、理性が少し緩むことがあるので、偏見を持っている人は注意をしたいですね。

私の経験談として、一次会が終わった後にお酒に酔った男性から、急に、二の腕を掴まれ「二次会行こうよー」と言われたときは、本当に腹が立ってしまい、勢いよく振り払うとともに、ヒジでアゴをヒットさせてやろうかと思いました。もちろん、私は、大人なのでやめておきました。あと、人を呼ぶときは、名前で呼びましょう。二の腕をツンツンは、なしです。

セクハラに要注意

セクシャルハラスメントについて、男女ともに気をつけましょう。相手の同意もなく、身体に触れることは、言語道断です。相手が、不快に思うこと、誤解を生むようなことはできるだけ避けましょう。

セクシャルなジェスチャーなど、意外と人は見ていて、不快に思っています。これは会社勤めのときのお話ですが、ビジネスのときはパンツスーツにすることがあるのですが、下着のラインが出ないような下着を履くときがあります。男性が後ろのほうでTとジェスチャーしているのは、バレていますよ。男性同士は楽しいのかもしれませんが、女性は「中学生か！」とあきれています。

私は、あまり遭遇したことはないのですが、全くの関係性や同意もとれていないのに、卑猥な冗談、性的なコメント、侮辱的な言葉、性的な嫌がらせは、信頼を地の底に落とします。もう二度と、その信頼は戻らないかもしれません。

あとは、噂で聞いた話ですが、ストーカーのようになってしまう人もいるようです。私は一度も被害も、加害もありませんので、詳しいことはお話できませんが、興味のない相手には、必要以上に過度な対応は不要だと思います。

勘違いしそうな相手には、「私はあなたに興味がありません」としっかりと意思表示をしましょう。ちゃんと意思表示しないと、相手にも失礼ですし、相手も迷惑ですよね。

そのコミュニティーでのヒエラルキーのトップにいる人は、細心の注意が必要になってきます。権力を持つ人が、部下や依存者に対して性的な圧力をかける行為は、人間的にダサい行為になりますので、やめておきましょう。メンバー全解散の事由になりかねません。

トラブルを避けるためには相手に誠意を持って接する

やはり、トラブルにならないためには、相手に誠意をもって接することが大切です。きっと、その誠意は伝わるはずです。お互い誠意を持って相手のことを思えば、トラブルにはならないはずです。その行為は、自分勝手なものでなく、思いやりはありますか？　思いやりって大事ですよね。
全員が、明るく楽しく目的を達成できる、健全なコミュニティーでありたいものです。

9　コミュニティーを使い倒す

積極的にコミュニティーに参加して目的達成

今まで読んでいただき、いかがでしょうか。コミュニティーに所属し、運営し、主催をしてみたくなってきましたか？

士業は、独立してしまえば1人で孤独を感じることが多く、こうしたコミュニティーマーケティングを活用できれば、孤独感も解消し、楽しく、士業事務所を経営、売上を安定させることが可能です。そのコミュニティーにより、性質や目的が異なってきますので、自分の前提条件を設定していきましょう。

ここで、コミュニティーを使い倒していただくために少しうかがっていきます。

現在、あなたがコミュニティーにメンバーとして、参加している場合、積極的にコミュニティーに参加できていますか？　あの、初期の頃のコミュニティーに参加したあの決意と行動の熱量をお忘れになっていませんか？　その当初の目的は、達成できたのでしょうか？　このときに、達成できていないからすぐやめる！　という、ここ一番の行動力は発揮しないでください。そのコミュニティーに相談をしてみてください。きっと、あなたの声を待っているはずです。

自分は、参加はできている。という人は、自分の目標達成のために、スパイラルよく定期的に参加できていますか？　他のメンバーとコミュニケーションをとっていますか？　顔なじみなることで、会への参加率が上がることが知られています。馴れ合いの関係ではなく、お互いに切磋琢磨でき、成長できるような良好な関係を築けるよう努力してみましょう。

その際は、威圧的な態度や怖い顔をせず、できるだけ清潔感や、人から好かれる人物像を想定してみてください。また、他の人の意見を尊重し、認めることも、他者とのコミュニケーションをとる上で、重要な姿勢になってきます。コミュニティーでコミュニケーションスキルとあげることによって、顧客への接客スキルの向上につながります。

コミュニティーに慣れた人は、積極的に運営のほうへ参加をしていますか？　新しいメンバーが加入したときに、相談役を買って出たり、少しのお手伝いからはじめてみてください。きっと、あなたのリーダーシップに、運営側も目をとめ、なにか役割の提案があるかもしれません。

また、その役割を与えられたとき、自分のそのときの持ちえる力で、全力でやってみましょう。その経験は、のちに自分の財産となり、そのコミュニティーをサポートできたことは、きっと自信につながるでしょう。その自信は、顧客の前にでたときも、きっとオーラとなってあなたの受任率を上げる要因となるはずです。役割を与えられたときは、臆せずに引き受けて、やってみることをおすすめいたします。

専門分野の知識やスキルをシェアする

自分の専門分野の知識やスキルをコミュニティー内でシェアすることはしていますか？　たまに、そんなことをすると競合をつくり、自分の売上が落ちるのでないかと怯える人がいますが、流出したところで、数人です。同じコミュニティーメンバーですし、もし、外部に漏れ、よりスキルの高い人にパクられ、売上を多くあげられたとしても、自分のセンスはよかったんだと自信になりますし、それは、「私の情報ですよね、上手く使われましたね、どうやったのですか？」と逆にタネあかしをしてもらいましょう。

コミュニティーを主催している人は、そのコミュニティーはよいコミュニティーに育っていますか？　メンバーの『目的の達成』のサポートはできていますか？　こちらもすぐに成果が出ないからと、投げ出さず、改善を試み、価値提供を継続できていますか？　きっと、その小さな達成は、いつか社会的価値に貢献することがあるかもしれません。

いかがでしょうか？

コミュニティーは使い倒していますか？

私は行政書士として開業して2年、始まりは、業界未経験、同期なし、知り合いなし、コロナ禍開業です。ですが、コミュニティーを使い倒してきたことによって、実務知識や専門知識を蓄えることができ、また早い段階からお客様にアプローチでき、顧問契約もしてくださるお客様も徐々に増えてくださり、事務所をお手伝いしてくれるスタッフさんにも恵まれることができました。

まだまだ規模は小さいのですが、焦ることなく、目の前のお客様、顧問契約してくださるお客様を大切にしていきたいと思っています。そして、同じ時間を過ごしてくださるコミュニティーのメンバーの方にも、とても感謝しています。

コミュニティーマーケティングに興味のある方は、ぜひ、こういった道があることを知ってほしいです。

ここまで読んでくださったあなたの目的が達成されることを心より祈っています。

おわりに

デジタルマーケティングが洗練されている現代であっても変わらないマーケティング手法であるアナログ営業。

著者自身、独立した当初に紹介だけで仕事を回している経営者を見たときに「どうやって仕事を獲得してるんだろう？」と単純に疑問でしかなかったことを思い出します。

しかし、実際に独立後にアナログ営業をしてみると、デジタルマーケティング並みにすごい手法だなと実感しました。

しかも、アナログ営業はやればやるだけ奥が深く、突き詰めれば突き詰めるほどビジネス拡大の起爆剤になるとも思えました。

アナログ営業を加速させるための「コミュニティー」。

参加者として関わることももちろんのこと自分コミュニティーをつくることでもコミュニティー活用の仕方は無限です。

かたやその活用を間違えば、自分の価値を下げかけない劇薬であるともいえます。恋愛問題、金銭問題などほんのちょっとしたほころびから一気に信頼を失い、コミュニティーマーケティングは機能しなくなるくらい脆弱な一面もあります。

本書は、そんな劇薬にもなりかねないコミュニティーを活用したいと考えている先生方にコミュニティーアレルギーをなくしてもらうために、かなり平易な内容で書いております。

本書の内容を活用してもらうだけでもかなりコミュニティーを活用する術になるはずですが、結局大事なことがあります。

それは「行動するかしないか」です。

どんなコミュニティーでも自分自身が主体性をもって行動しなければ意味がないということです。

「結局それかよ!!」と心の声が出た方もいるかもしれませんが、とにもかくにも自分自身の主体的行動が根幹にあるということを意味します。

よくインプットとアウトプットだと、アウトプットのほうが大事だと言います。しかもインプットよりもアウトプットのほうが苦痛です。

コミュニティーマーケティングは、まさにアウトプットの集大成ともいえるマーケティング手法だと確信しています。

生かすも殺すも自分自身。そのコミュニティーマーケティング活用の船出を幸先よく切るために本書をご活用ください。

最後に、このような貴重な機会をもらえたのも自分だけでなく関わってくれているすべての大事な人の存在があってだと確信しています。

コミュニティーマーケティングはそんな自分に関わってくれる周りの大事な存在があってこそ成

り立つ手法だということを著者自身も改めて痛感できたことに感謝申し上げます。

千葉　直子
吉野　智成
湯田　一輝
小島　健太郎

著者略歴

小島　健太郎（こじま　けんたろう）

さむらい行政書士法人代表社員
30歳で個人事務所を立ち上げ、33歳で個人事務所を法人化。現在は上野、新宿、名古屋、大阪の4拠点を経営。アジア諸国・欧米など各国出身の外国人の法的手続きを支援している現役の行政書士。外国人の在留資格・VISA・帰化、対日投資手続きを専門に扱い、高いコンサルティングにより高い信頼を得ている。
【経歴】
2009年　行政書士登録、上野にて個人事務所を開設
2012年　個人事務所を法人化。「さむらい行政書士法人」設立と同時に支店設立

吉野　智成（よしの　ともなり）

よしの行政書士オフィス
中小企業の黒字倒産をなくす、資金繰り・資金調達支援の専門家。 税理士事務所出身で、多くの中小企業や個人事業主の税務申告等を担当。担当してきた業界も飲食、小売、運送、建設、医療、自動車など多岐に渡り、経営者の相談対応も1000件を超える。行政書士として独立し、主に「お金周り」から中小企業を支援し、行政書士では珍しい財務コンサルタントとして中小企業支援に取り組んでいる。
日々の企業経営には、お金周りの不安や悩みがついて回るもの。 お金周りの代表格と言えば補助金・助成金・融資だが、情報が多すぎて中小企業の経営者の方にとって何が使えて、何がいいのかのような判断ができにくくなっている。 そんな、悩める中小企業の経営者のベストな方向性をアドバイスし、経営をより安定させる支援を日々行っている。社長の孤独とお金の悩みの両面から企業経営をサポートしている。自身も様々なコミュニティーに参加し、コミュニティーマーケティングで仕事の紹介を中心に獲得する営業手法を独立当初から実践。現在は自分でコミュニティーをつくり、コミュニティーのハブとしての立ち位置でもコミュニティーマーケティングを追及している。
【経歴】
大学卒業後、税理士事務所で中小企業の会計を支援。
2019年　行政書士登録、個人事務所を開設
2021年　補助金・融資のサポートだけでなく財務コンサルなどコンサルティングサービスをより本格的に開始するために「株式会社Gunshi」を設立

湯田　一輝（ゆだ　かずき）

行政書士法人タッチ 代表社員

25 歳で個人事務所（ゆだ行政書士事務所）を開業し、29 歳で個人事務所を法人化。開業以来、入管業務に特化し、在留資格・帰化等の外国人に関する法的手続を専門としている。年間 1000 件以上の相談に対応し、外国人の安定継続的な日本への在留をサポートしている。

【経歴】

2018 年 8 月 ビザ・帰化申請専門の「ゆだ行政書士事務所」設立

2022 年 4 月 個人事務所を法人化「行政書士法人タッチ」設立

2023 年 11 月 技能実習監理団体「グローバル HR 事業協同組合」理事長就任

千葉　直子（ちば　なおこ）

あいまり行政書士オフィス

障がい福祉事業の開設、運営のサポートを中心に、運営書類から、請求業務、経営に関する相談まで障がい福祉事業に特化して、顧問契約、エリアも幅広く対応している。子育て専業主婦から、業界未経験・実務知識ゼロの状態で開業し、コミュニティーを活用しながら、徐々に売上を伸ばす。幼稚園児と小学 1 年生の母親業と両立しながら、日々奮闘中。事務パートスタッフ 3 人雇用。現在、開業して 2 年 5 か月が経過（2024 年 1 月現在）。

【経歴】

2019 年 1 月 子育て妊娠中に行政書士試験合格　その 5 日後に次女出産
その後 2 年間は、2 児の育児に専念

2021 年 8 月 許認可専門の「とおる行政書士オフィス」設立

2023 年 3 月 障がい福祉専門の「あいまり行政書士オフィス」へ事務所名を変更

著者連絡先

【小島　健太郎】
〒 110-0005
東京都台東区上野 7-4-7 VORT 上野 4 階
さむらい行政書士法人
電話 03-5830-7919
メール info@samurai-law.com
HP　https://samurai-law.com

【吉野　智成】
〒 110-0015
東京都台東区東上野 3 丁目 26 － 10 － 303
よしの行政書士オフィス
電話 050-5359 － 9219
メール info@yoshino-tomonari.com
HP　https://samurai-law.com/hojokinsupport/

【湯田　一輝】
〒 330-0802
埼玉県さいたま市大宮区宮町 1-86-1 大宮イーストビル 5 階
行政書士法人タッチ
TEL:048-400-2730
MAIL: contact@touch.or.jp
HP：https://touch.or.jp

【千葉　直子】
〒 260-0033 千葉県千葉市中央区春日 2 丁目 21-14-305
あいまり行政書士オフィス
TEL:043-400-2966
メール　info@ai-mari.com
HP　https://ai-mari.com/

儲からない行政書士から脱却するための
コミュニティーマーケティング

2024年2月29日　初版発行

著　者　千葉　直子 © Naoko Chiba
著　者　吉野　智成 © Tomonari Yoshino
著　者　湯田　一輝 © Kazuki Yuda
監修・著者　小島　健太郎 © Kentaro Kojima
発行人　森　　忠順
発行所　株式会社 セルバ出版
〒 113-0034
東京都文京区湯島 1 丁目 12 番 6 号 高関ビル 5 B
☎ 03（5812）1178　FAX 03（5812）1188
http://www.seluba.co.jp/
発　売　株式会社 三省堂書店／創英社
〒 101-0051
東京都千代田区神田神保町 1 丁目 1 番地
☎ 03（3291）2295　FAX 03（3292）7687

印刷・製本　株式会社丸井工文社

Printed in JAPAN
ISBN978-4-86367-870-5